STUDIO 16

The activities in STUDIO 16 are graded according to difficulty:

The number of stars beside each activity indicates how difficult it is. The 1-star and 2-star activities are intended for everyone; the 3-star activities are more difficult; the 4-star activities are the most difficult and need not be done by everyone.

These are some of the instructions which appear in STUDIO 16:

Ecoutez 

Listen to your cassette.
The symbol shows that you need to use the cassette at this point. **Read the instructions for the exercise before you play the tape.**

Ecoutez encore une fois

Listen again — rewind the tape

Arrêtez la bande, si nécessaire

Pause the tape if you need to

TALKBACK

Spoken language work, usually in pairs

Demandez Ask

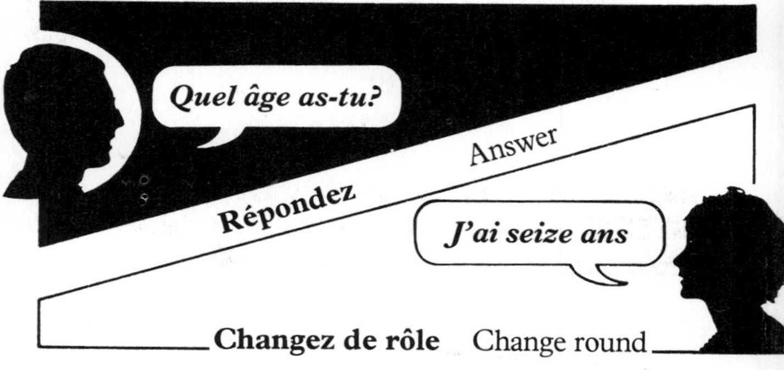

Changez de rôle Change round

Lisez

Read

Pour vous aider

To help you — new or difficult words translated into English

Pour vous aider

ces jeunes gens	these young people
de temps en temps	from time to time
mon frère m'énerve	my brother gets on my nerves
un casque à écouteurs	headphones

Ecrivez dans votre cahier les mots qui manquent

Write out the missing words in your exercise book (not in the text book).
Usually you do this while listening to the tape.
Replay the tape as often as you like. Pause the tape frequently.

Apprenez par coeur

Learn by heart — these are words you really need to learn

This is one way of doing it:

1. Read the French words and their meaning in English
2. Cover the English
3. Ask a friend to test you on the English
4. Cover the French
5. Ask your friend to test you on the French
6. Change round
7. Write the French while looking only at the English (if your teacher wants you to do this)

Try it out with this list of instructions used in STUDIO 16:

Apprenez par coeur

Apprenez par coeur	Learn by heart
Changez de rôle	Change round
Choisissez dans cette liste	Choose from this list
Copiez en complétant	Copy and complete
Demandez	Ask
Ecrivez	Write
Encore une fois	Again
Enregistrez vos réponses	Record your answers
Lisez	Read
Posez la question	Ask the question
Pour vous aider	To help you
Répondez	Answer

Here are some more of the instructions used in STUDIO 16, with their meanings in English. Refer to these lists as often as you need to.

Corrigez les erreurs	Correct the mistakes
Corrigez les phrases	Correct the sentences
Mettez dans le bon ordre	Put in the right order
Ecoutez les réponses	Listen to the answers
Ecrivez-les dans l'ordre où vous les entendez	Write them in the order you hear them
Ecoutez plusieurs fois, si vous voulez	Listen several times, if you want

Faites correspondre	Match
Faites une liste	Make a list
Interrogez	Interview
Notez dans votre cahier les mots qui manquent	Note down in your exercise book the words which are missing
Regardez les images	Look at the pictures
Trouvez les mots en anglais qui correspondent	Find the matching English words
Vérifiez vos réponses	Check your answers
Vrai ou faux?	True or false?

Programme 1	WHAT YOU LEARN TO DO	GRAMMAR FOCUS
TROP DE TELE? ???? **Page 8** ■ Interviews with young people discussing the importance of radio and TV How often do they watch and listen? ■ Different types of programmes ■ Is television harmful? Do we watch too much? ■ Different types of audio and video equipment	▶ say how often you watch and listen ▶ say which types of programmes you like and dislike ▶ express opinions about the advantages and disadvantages of television ▶ say what audio and video equipment you have	● present tense ● present tense ***avoir*** — all persons
1 STEP BY STEP **Page 22** **Interviews** ■ What have you been watching and listening to recently? **Les jeunes en voyage** ■ A magazine programme about travel and young people, featuring: the impressions of a French reporter on a day-trip to England some French students on a 3-day trip to London	▶ use time words ▶ say what you have watched and listened to ▶ describe a short visit and say what you did ▶ talk and write about what you have done this morning	● introduction of the perfect tense (***avoir*** verbs) ***je, tu, vous, on, nous*** 
Le français dans le monde **Page 30** ■ Young people from French-speaking countries introduce themselves ■ Ahmed and Fatima give their first impressions of Britain ■ Interview with Fatima Chaoui from Morocco	▶ find out where French is spoken in the world ▶ understand authentic language ▶ give details about yourself ▶ interview someone about their past ▶ write a short paragraph on someone ▶ write about yourself	 ● present tense ● perfect tense (***avoir*** verbs)
INFOS **Page 36** **Infos radio** **Infos journal** ■ International and French news items, including: a bomb incident in Northern Ireland the first black astronaut in Challenger French race horses stolen peace marches in West Germany 9 million people poisoned in Michigan, USA **Météo** ■ Weather report **Page de publicités** ■ Adverts [1]	▶ listen to and understand radio news ▶ read and understand news items from French newspapers ▶ listen and read, both for gist and detail ▶ listen to and read weather reports ▶ listen to and read adverts	 ENFANT DISPARU A PARIS, RETROUVE SAIN ET SAUF! Mardi soir un petit garcon de quatre ans a disparu devant son immeuble, rue Houdin, à Paris. Il a été retrouvé sain et sauf dans le même quartier. Une jeune femme de 29 ans a été interpellée par la police. Elle a expliqué à la police qu'elle voulait garder le garcon chez elle, rue Morand, quelques jours. Les chevaux volés . . . retrouvés en Belgique! **Deux des quatre chevaux de course** de grande valeur, volés dans la nuit du 3 au 4 août dernier à Saint-Omer (Pas-de-Calais), ont été retrouvés sains et saufs à Mons en Belgique. On cherche toujours les deux autres chevaux.
 **2 STEP BY STEP** **Page 44** **News flash** ■ A 15-year-old boy is missing after a day-trip to Dover. Interview with a friend who went with him, and a police report.	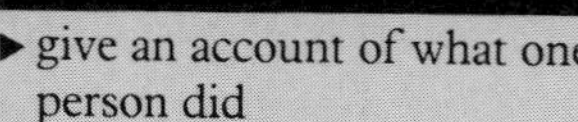 ▶ give an account of what one person did ▶ give an account of what two people did ▶ write a newspaper story describing how two children got lost and were later found	● perfect tense (***avoir*** verbs) ***il, elle, ils, elles***
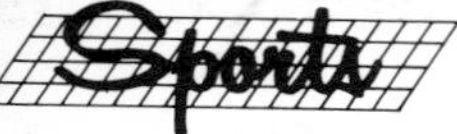 **Sports** **Page 48** ■ Direct from Paris, the French athletics championships. The reporters on the spot describe the events, and interview the new 100m champion, a competitor in the long jump and a newcomer in the swimming events.	▶ understand sports interviews on the radio ▶ describe actions in the past using the perfect tense ▶ talk and write about sports events which have taken place	● perfect tense (***avoir*** verbs) ***je, tu, il, elle, vous***

	WHAT YOU LEARN TO DO	
 **Page 50** **Episode 1** ■ A serial about a group of friends who enrol at a dance studio, but trouble starts when the fees go up . . .	▶ read for pleasure and general understanding	
Checker-chart **Page 53** **The perfect tense** ■ Verbs with ***avoir*** See at a glance the perfect tense of the verbs presented in this programme.	▶ revise the perfect tense (***avoir*** verbs)	● a summary of the perfect tense presented so far
   **Page 54** **Quelle station de radio?** ■ A description of the most popular French radio stations **Quelle chaîne de télé?** ■ A description of the French TV channels **Dimanche soir . . .** ■ A family disagrees over which programme to watch	▶ find out about French radio and TV ▶ ask for information about TV programmes ▶ give information about TV programmes ▶ ask when programmes start ▶ say when programmes start ▶ ask permission to watch ▶ read and understand a French TV magazine	● present tense ***vouloir*** — all persons ● present tense ***pouvoir — je, on, vous***
Page 58 **Les films de la semaine** ■ In the studio, film critics discuss two of the week's films: *La Panique* A 15-year-old boy left alone at home for a month loses touch with reality and tries to kill himself *Passion d'Amour* An unusual love affair	▶ understand simple film reviews ▶ express opinions on what you have heard and seen ▶ express agreement or disagreement ▶ write a summary of a film	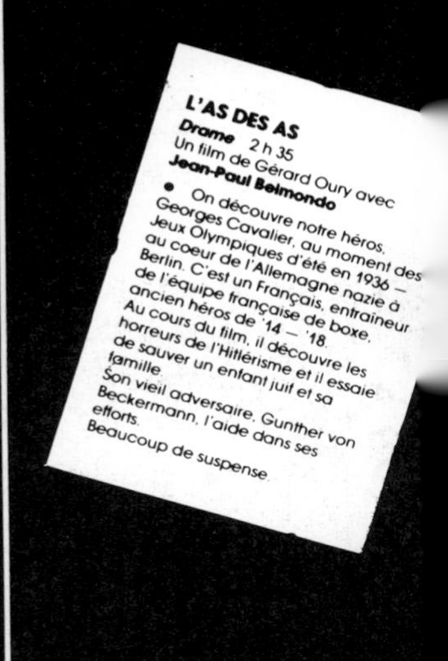 **L'AS DES AS** ***Drame*** 2 h 35 Un film de Gérard Oury avec **Jean-Paul Belmondo** ● On découvre notre héros, Georges Cavalier, au moment des Jeux Olympiques d'été en 1936 — au coeur de l'Allemagne nazie à Berlin. C'est un Français, entraîneur de l'équipe française de boxe, ancien héros de '14 — '18. Au cours du film, il découvre les horreurs de l'Hitlérisme et il essaie de sauver un enfant juif et sa famille. Son vieil adversaire, Gunther von Beckermann, l'aide dans ses efforts. Beaucoup de suspense.
Droit de réponse ■ A STUDIO 16 phone-in programme on: the 4th channel TV scheduling	▶ listen to and understand opinions on TV scheduling ▶ discuss the issues raised	
Courrier ■ Listeners' and viewers' letters: Are adverts sexist? Is there too much horror and cruelty shown on TV?	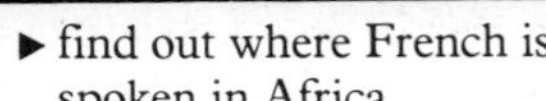 ▶ read for gist understanding ▶ discuss opinions expressed ▶ write a letter about a programme you have seen or heard	
LE FRANÇAIS DANS LE MONDE **Page 64** ■ Frédéric Grah-Mel, from the Ivory Coast, talks about his work as a broadcaster for the BBC World Service. ■ A group of French students from Saint-Flour talk to STUDIO 16 about French TV and radio.	▶ find out where French is spoken in Africa ▶ listen to and understand an authentic report from a BBC World Service journalist ▶ follow conversations in French	
Résumé des Talkbacks **Page 68** A comprehensive revision list of the **Talkbacks** in Programme 1	▶ revise what you have learnt to say in Programme 1	
Test your progress 1 **Page 70** Find out how much you have learnt in Programme 1 ■ Speaking test ■ Listening test ■ Reading test ■ Writing test 	▶ assess your progress	

STUDIO 16
Programme 1
La radio et la télé
AMPEX
AMPEX
CASIER
STUDIO 16
DROIT DE REPONSE
PATRICE LAFFONT

STUDIO 16

PARLEZ DE VOTRE METIER

MARIANNE PICARD

STUDIO 16

AU CHOIX

LES FILMS DE LA SEMAINE

DAVID MATOUK

STUDIO 16

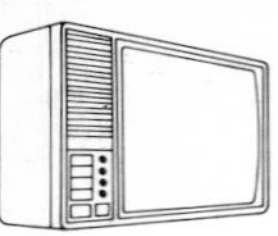

TROP DE TELE?

STUDIO 16

Au STUDIO 16 on a posé ces questions:

Ecoutez-vous souvent la radio?
Regardez-vous souvent la télé?

Ecoutez les réponses de ces jeunes gens au STUDIO 16.

Ecoutez encore une fois.
Ecoutez en particulier ces phrases importantes:

Apprenez par coeur

souvent	often
jamais	never
quelquefois	sometimes
rarement	rarely
le soir	in the evening
le matin	in the morning
tous les soirs	every evening
avant	before
après	after
de temps en temps	from time to time
tout le temps	all the time
un peu	a little
entre	between

1 Lisez
2 Couvrez l'anglais
3 Demandez l'anglais à un ami / une amie
4 Couvrez le français
5 Demandez le français à un ami / une amie
6 Changez de rôle
(**7** Ecrivez, sans regarder le français)

TROP DE TELE?

Ecoutez
Notez dans votre cahier les mots qui manquent. Arrêtez la bande si nécessaire.

Regardez-vous souvent la télé?

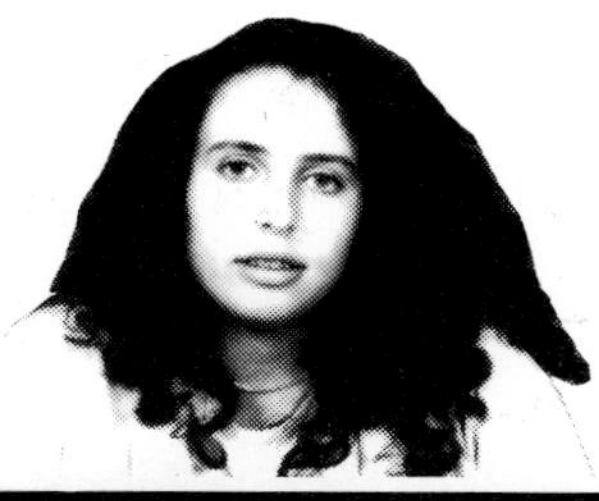

1 Bon, je regarde _____ la télé, surtout le _____, après le dîner. Oui, je la regarde souvent entre huit _____ et _____ heures.

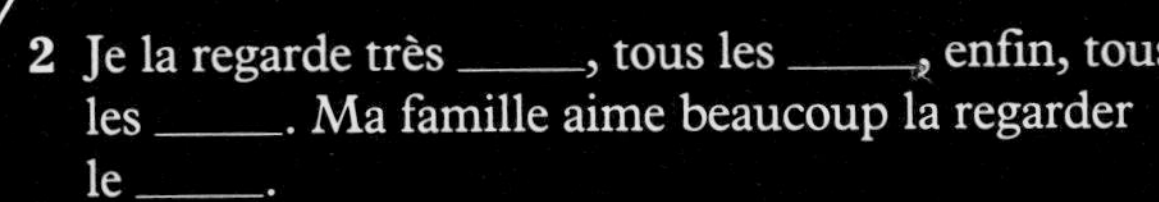

2 Je la regarde très _____, tous les _____, enfin, tous les _____. Ma famille aime beaucoup la regarder le _____.

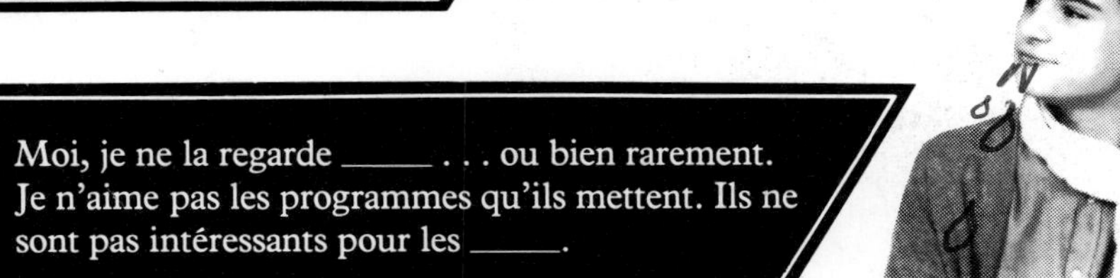

3 Moi, je ne la regarde _____ . . . ou bien rarement. Je n'aime pas les programmes qu'ils mettent. Ils ne sont pas intéressants pour les _____.

Et la radio? Ecoutez-vous souvent la radio?

4 Tous les matins, j'écoute la _____ . . . France-Inter. Je l'écoute tous les _____ avant d'aller à l'école. Toute la famille écoute France-Inter le _____.

5 _____ j'écoute la radio à midi quand je mange. Ce n'est pas tellement intéressant . . . mais mes parents l'écoutent, donc j'_____ aussi.

Pour vous aider

ces jeunes gens	these young people
de temps en temps	from time to time
mon frère m'énerve	my brother gets on my nerves
un casque à écouteurs	headphones

6 Je n'écoute _____ _____ la radio. Mon _____ m'énerve parce qu'il l'écoute tout le temps, sans cesse. Je vais lui acheter un casque à écouteurs.

TROP DE TELE?

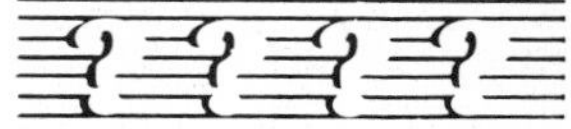

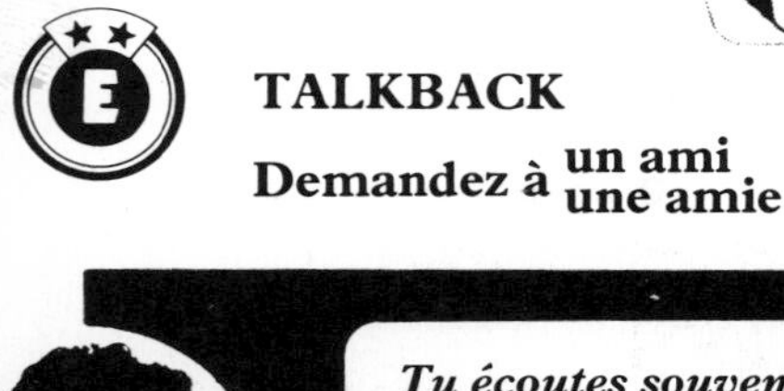

E **TALKBACK**

Demandez à un ami / une amie

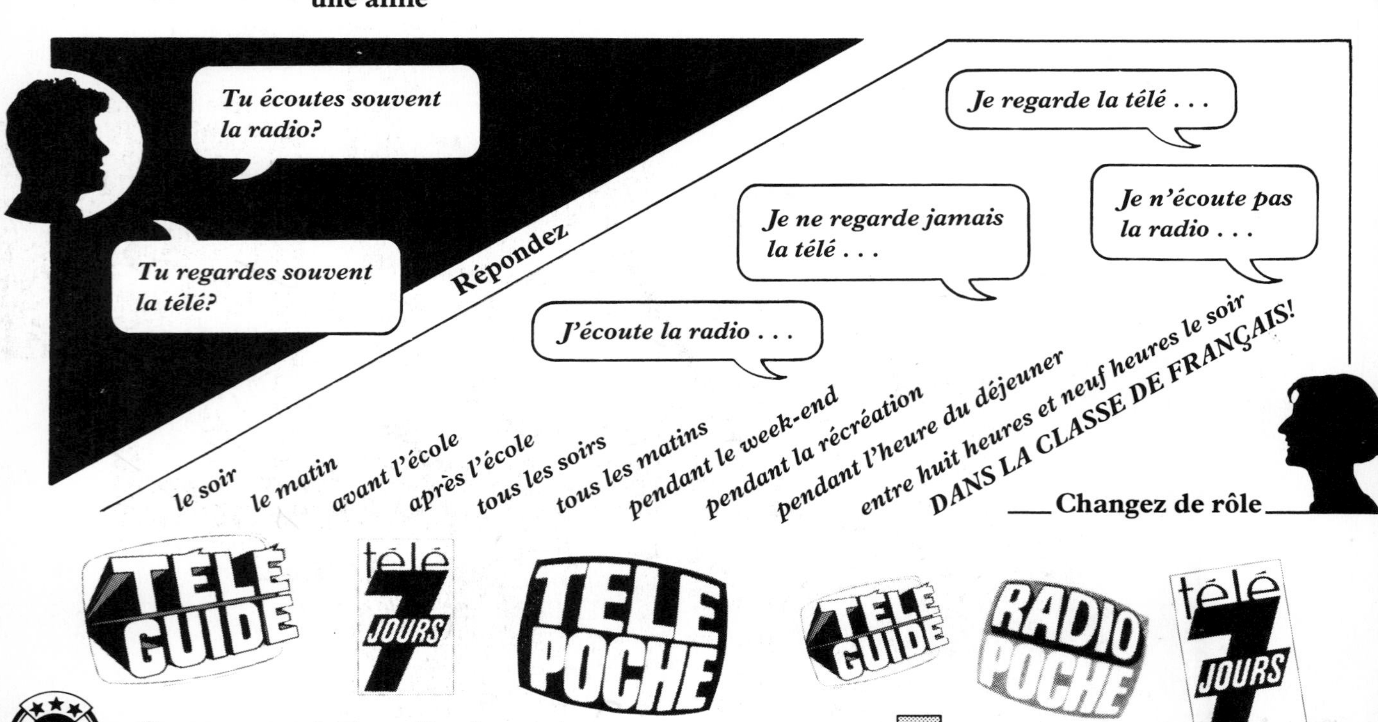

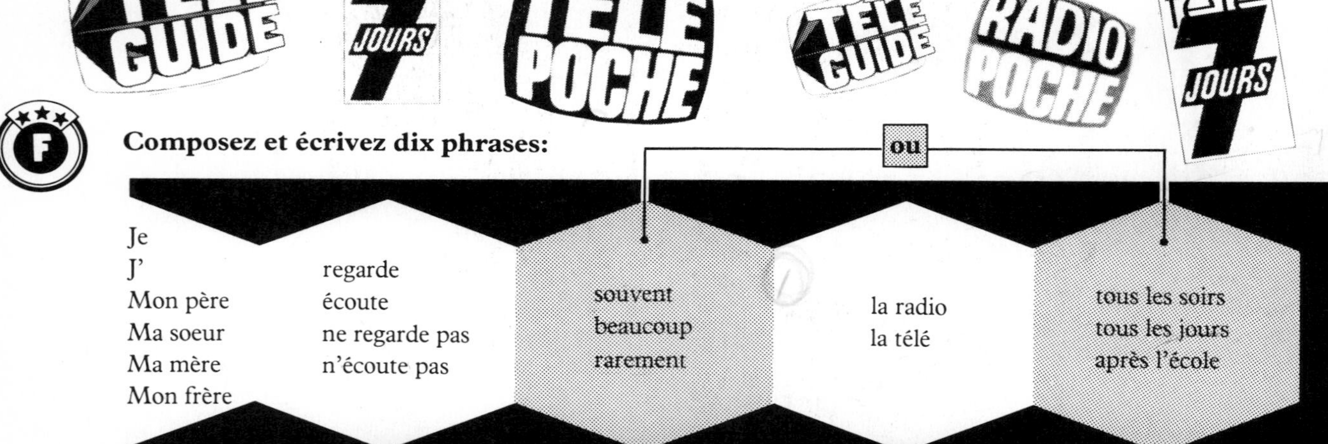

F **Composez et écrivez dix phrases:**

		ou		
Je J' Mon père Ma soeur Ma mère Mon frère	regarde écoute ne regarde pas n'écoute pas	souvent beaucoup rarement	la radio la télé	tous les soirs tous les jours après l'école

G **Composez et écrivez cinq phrases:**

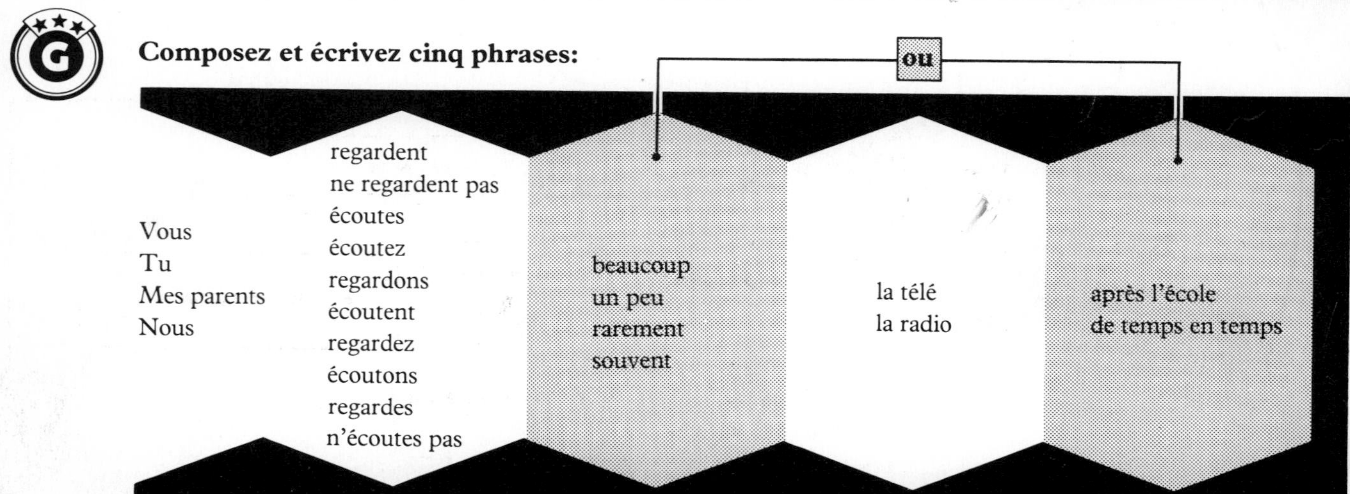

		ou		
Vous Tu Mes parents Nous	regardent ne regardent pas écoutes écoutez regardons écoutent regardez écoutons regardes n'écoutes pas	beaucoup un peu rarement souvent	la télé la radio	après l'école de temps en temps

TROP DE TELE?

Quels programmes aimez-vous regarder?

Ecoutez maintenant les programmes préférés de notre groupe de jeunes dans le studio.

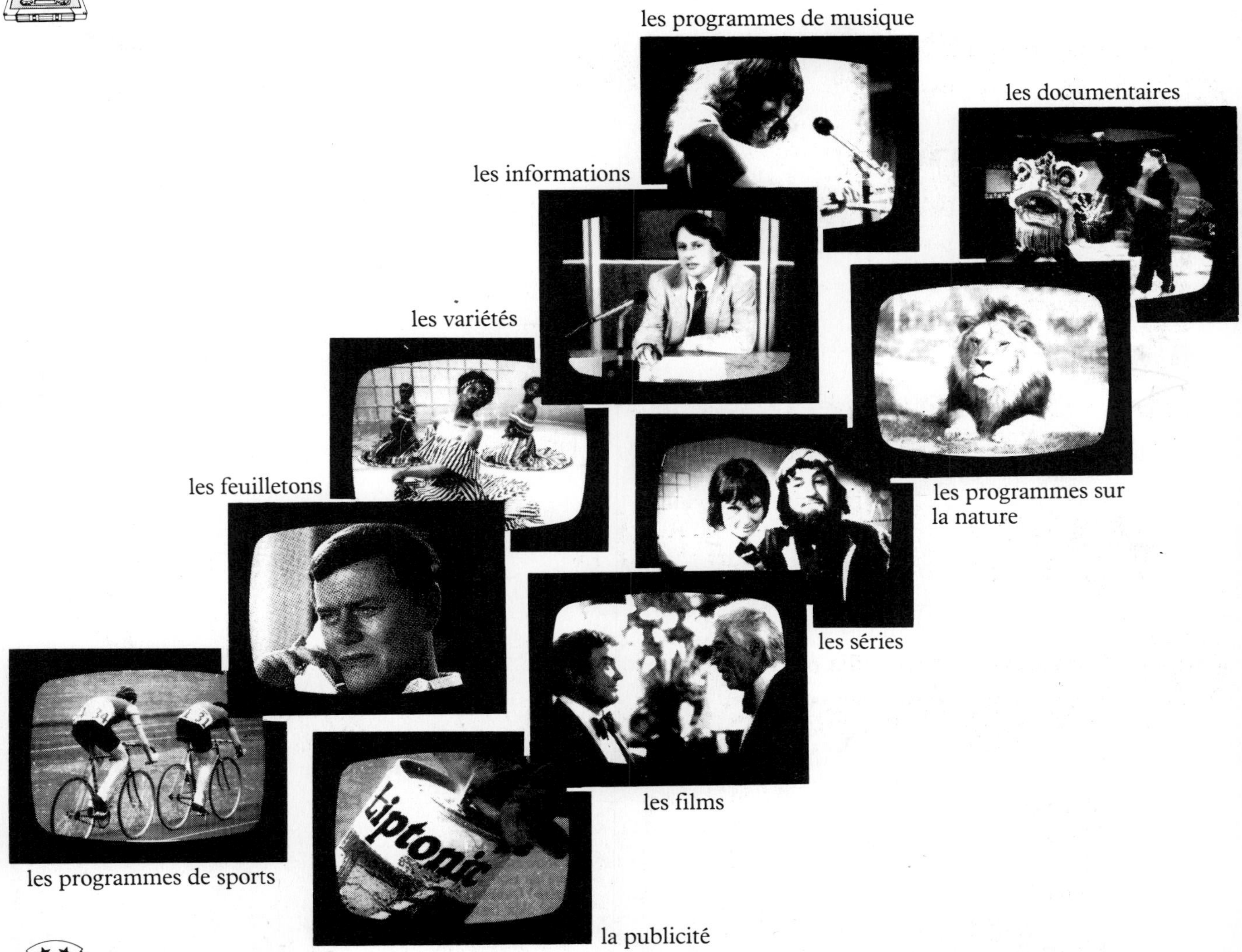

les programmes de musique

les documentaires

les informations

les variétés

les feuilletons

les programmes sur la nature

les séries

les films

les programmes de sports

la publicité

TALKBACK

Demandez à un ami / une amie

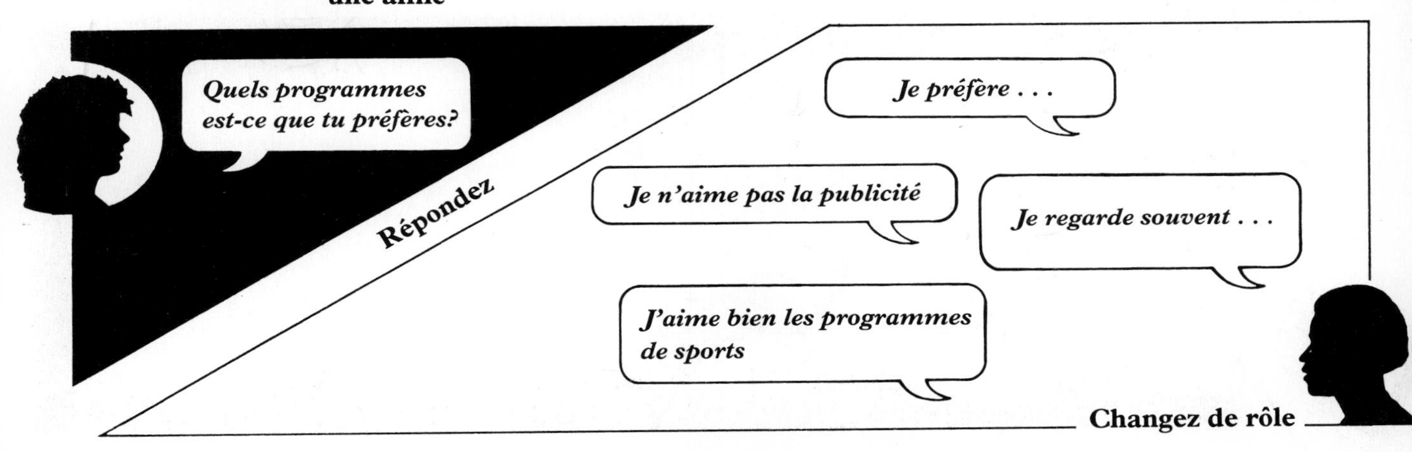

TROP DE TELE?

Pour ce soir...

17 avril **MARDI**

TELEGUIDE

1

17.30 SPORTS

GYM TONIC: Une démonstration d'exercices sur un rythme disco — avec des élèves. Puis le jogging et la relaxation.

18.10 MUSIQUE

PYGMALION: Un opéra-ballet . . . en direct du festival de Paris.

21.30 SPORTS

MATCH DU SOIR: Football en direct du Parc des Princes à Paris.
Le match RC LENS — SC ANDERLECHT
La Belgique a trois représentants en coupe d'U.E.F.A. Anderlecht en est un.

2

17.45 SERIE AMERICAINE

LES ENQUETES DE REMINGTON-STEELE: On a volé un diamant valant trois millions de dollars . . . Laura assure la sécurité — R. refuse!

18.30 INFORMATIONS-MAGAZINE

JOURNAL DU SOIR: Présenté ce soir par Michel Monet.
Toutes les infos d'aujourd'hui — présentées et discutées dans le studio.

19.00 DOCUMENTAIRE

LES BEATLES: Les années soixante sont à la mode. Les Beatles sont toujours populaires. On achète aujourd'hui des millions de leurs disques. Passez une soirée avec les « quatre de Liverpool ».

3

18.00 MUSIQUE

L'ECHO DES BANANES: avec Fleshtones, Bono, Saga . . . et le maître de la guitare, mort à 25 ans, Jimmy Hendrix.

19.00 NATURE

ANIMAUX DU MONDE: Grizzli-roi. Le Grizzli est un ours brun, mais il peut être sauvage — pas comme les Teddy Bears aux Etats-Unis!

21.15 TELEFILM

LE POISON DE LA CHAMBRE NOIRE: Au musée de Mme Tussaud à Londres, avec sa célèbre « Chambre des Horreurs », un homme est empoisonné . . .

Pour vous aider

on a volé un diamant	a diamond has been stolen
à la mode	fashionable
mort	dead
un ours	a bear
il peut être	it can be
empoisonné	poisoned

TROP DE TELE?

Lisez la page de *Téléguide*.
Ecrivez le nom . . .

1 . . . d'un programme de musique
2 . . . d'un programme de sports
3 . . . d'un programme sur la nature
4 . . . d'un téléfilm
5 . . . d'une série américaine

Lisez la page encore une fois.
Ecrivez les titres de trois programmes que vous voulez regardez.
Puis écrivez les titres de trois programmes que vous ne voulez pas regarder.

TALKBACK

Demandez à un ami / une amie

Vrai ou faux?
Ecrivez *vrai* ou *faux* pour chaque phrase:

1 Il y a un opéra-ballet sur TF1.
2 Il y a un documentaire sur les Beatles à 19.30 sur A2.
3 Il y a un match de football en direct de la Belgique.
4 *L'Echo des Bananes* est un programme sur la nature.
5 *Animaux du Monde* est un téléfilm.
6 Le téléfilm est situé à Londres.

Corrigez les phrases incorrectes.
Ecrivez la version correcte.

Ecrivez en français des annonces pour trois programmes à la télé britannique.

8.00 p.m. DALLAS
série américaine
Le mystère continue...
Qui fait les coups de téléphone anonymes – et pourquoi?

TELE POCHE
SPÉCIAL CHAMPIONNAT D'EUROPE DE FOOTBALL PRÉSENTÉ PAR MICHEL PLATINI
FRANCIS HUSTER DU TALENT... ET DES IDEES!
M 2675-956-4,50 F

TROP DE TELE?

QUE PENSEZ-VOUS?

Ecoutez les opinions

Il y a trop de politique!

Trop de séries américaines!

Trop de violence! C'est dangereux pour les jeunes.

Ces films américains sont nuls!

Je préfère la radio.

Je regarde beaucoup la télé — ça me tient compagnie.

Je fais mes devoirs devant la télé. Je ne l'écoute pas vraiment.

La télé? C'est le babysitting national!

Ecoutez les opinions d'Alain et de Chantal.

**Voici Alain.
Il est pour.**

Alors, que pensez-vous de la télé, Alain?

Moi, je la regarde beaucoup, et je crois que c'est une bonne chose.
Et voilà pourquoi . . .

Je crois que la télé est très éducative.
J'apprends beaucoup à la télé.
Par exemple, j'aime les documentaires sur les différents pays . . . et les programmes sur la nature et sur les sciences. Ils sont tous intéressants et fascinants.

Et les infos!
Les images de l'autre bout du monde sur nos écrans . . . des images vraies, authentiques, de la réalité!

Et j'aime beaucoup le sport.
Je peux regarder les matchs de football sans payer l'entrée et sans voyager dans des pays étrangers!
Je vois tout de mon salon, chez moi!

Sans télé . . . que faire?

Pour vous aider

. . . sont nuls	. . . are rubbish
ça ma tient compagnie	it keeps me company
je crois que	I think that
j'apprends	I learn
de l'autre bout du monde	from the other side of the world
nos écrans	our screens
sans	without
des pays étrangers	foreign countries
à mon avis	in my opinion
le malheur	unhappiness
le nucléaire	nuclear issues
dégoûtant	disgusting
quant à	as for

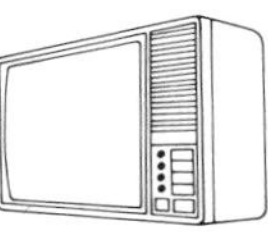

TROP DE TELE?

QUE PENSEZ-VOUS ?

20.35 **L'Odyssée sous-marine du Commandant Cousteau**
Sang chaud dans la mer.
Réalisation : J.-Y. Cousteau.
Commentaire dit par Georges Wilson.
Photos : Philippe Cousteau, Bernard Delemotte et Colin Mounier.
Histoire des mammifères marins, les créatures les plus élaborées de l'océan.
Il y a trois milliards et demi
premières vies uni-cellulaires se
dans les vastitudes d'eau de notre
te. Pendant des siècles, la vie a év
complexité toujours croissante.

20.35 **Téléfilm :** **Vivre ma vie**

18 avril

boule noire » ; **Hozel O'Connor :** « Don't touch me » ; **Kenny Loggins :** « Foot loose ».
18.50 Jour J
Emission de Michèle Dokan et Bob Otovic. Réalisation Robert Réa.
19.15 Actualités régionales
19.40 Les petits drôles
19.53 Tacotac
20.Journal
20.25 Tirage du loto
20.30 FOOTBALL : FRANCE-R.F.A. (sous réserves)
Ce soir se déroule à Strasbourg une rencontre amicale opposant la France à la République Fédérale d'Allema-

MAR TF1 — 20.35 TÉLÉTHÈQUE — **HAUTECLAIRE** de Jean Prat d'après Barbey d'Aurévilly avec

MER TF1 — 20.35 ÉVOCATION — **PIERRE MENDÈS FRANCE UN AN D'ABSENCE** — 22.10 DANSE

JEU TF1 — 20.35 TÉLÉFILM — **MONSIEUR ABEL** de Jacques Doillon d'après Alain Demouzon

VEN TF1 — 20.35 VARIÉTÉS — **FORMULE 1** *MICHEL SARDOU* avec Régine Michel Berger Didier Barbelivien — 21.40 FEUILLETON — **LES UNS**

TELE 7 J

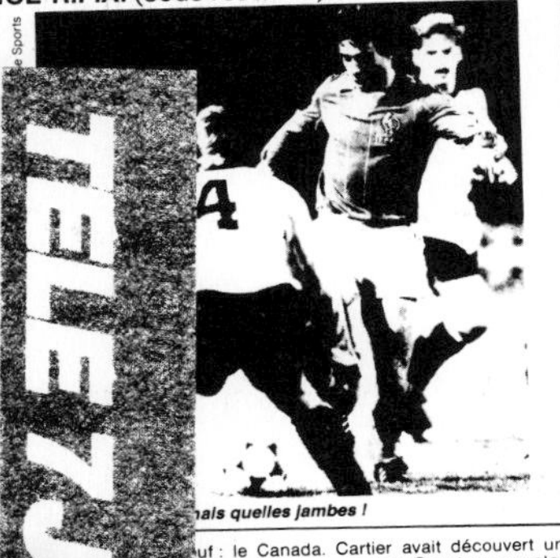

…ais quelles jambes !

MERCREDI 1

…uf : le Canada. Cartier avait découvert une … L'équipe du commandant Cousteau a exploré …trée, mais après quatre siècles d'occupation

Voici Chantal.
Elle est contre.

Et maintenant, Chantal, que pensez-vous de la télé?

Je suis tout à fait contre les opinions d'Alain.

A mon avis il y a trop de violence à la télé.
Par exemple, si vous regardez les infos, qu'est-ce qu'il y a?
Des images de la réalité? Oui. Mais des images de désastre, de guerre . . . de la violence!
Il y a le malheur, le nucléaire, des problèmes politiques!

Et je crois qu'il y a trop de violence dans les séries américaines — les séries policières. C'est dégoûtant!

Et la vidéo? Beaucoup d'enfants regardent des vidéos après l'école, sans leurs parents.
Je crois que c'est du temps perdu, et ça peut être dangereux pour les jeunes.

Et le sport? Alain dit qu'il aime le sport?
Pourquoi ne fait-il pas du sport?

Quant à la publicité! Ça, c'est sexiste!

Et vous? Qu'en pensez-vous?

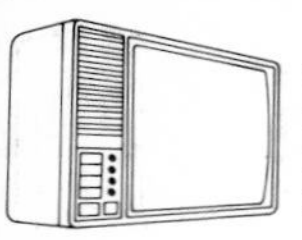

TROP DE TELE?

QUE PENSEZ-VOUS?

Quelles sont les opinions d'Alain?
Choisissez dans cette liste:

La publicité est sexiste
Il y a trop de sports à la télé
La télé est éducative
Les documentaires à la télé sont intéressants
Il est fascinant de regarder des images de l'autre bout du monde
La télé est dégoûtante

Quelles sont les opinions de Chantal?
Choisissez dans cette liste:

Il n'y a pas beaucoup de violence à la télé
Les infos sont optimistes
Les séries américaines sont violentes
La vidéo est dangereuse pour les jeunes
Regarder la télé, c'est du temps perdu
La publicité est éducative

Ecrivez cinq phrases en anglais pour résumer les opinions d'Alain.
Puis écrivez cinq phrases en anglais pour résumer les opinions de Chantal.

Et vous? Qu'en pensez-vous?

TROP DE TELE?

QUE PENSEZ-VOUS?

TALKBACK

Ecoutez encore une fois toutes les opinions.

Discutez du sujet avec un ami / une amie

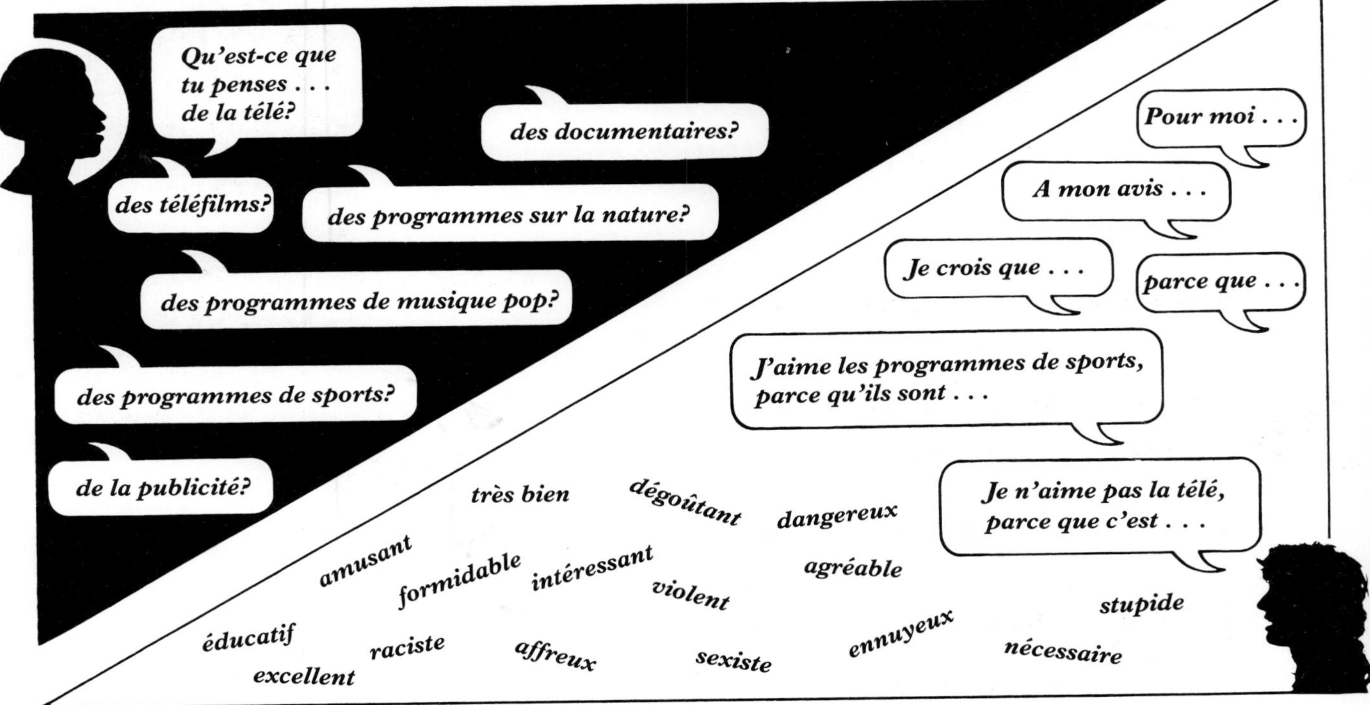

Rivés devant la télé

Lettre d'un téléspectateur

Amiens, le 18 mars

Cher STUDIO 16,

Pour les enfants, un peu de télévision, c'est bien; trop de télé, c'est à éviter!

Je suis instituteur. Chaque lundi matin et chaque jeudi matin, je retrouve en classe des enfants fatigués parce qu'ils restent rivés devant leur télévision le mercredi et le week-end.

Ce sont les parents qui doivent faire attention au nombre d'heures que les enfants passent devant la télé et aussi aux programmes qu'ils regardent.

Alain Coci

Pour vous aider

rivés devant la télé	glued to the TV
c'est à éviter	it is to be avoided

TROP DE TELE?

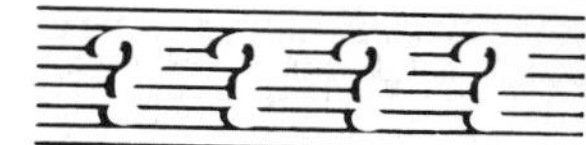

1 ***En général, je regarde la télé . . .***

a rarement
b pendant le week-end
c tous les soirs
d tous les matins et tous les soirs

2 ***Avant d'allumer le poste de télé, je consulte le Téléjournal . . .***

a toujours
b quelquefois
c rarement
d jamais

3 ***Je regarde la télé à peu près . . .***

a cinq heures par jour
b trois heures par jour
c une heure ou moins par jour
d une heure par mois

4 ***Votre poste de télé est en panne. Votre réaction?***

a Ça m'est égal
b Je suis un peu fâché / fâchée
c Je suis fou / folle de rage
d Je vais écouter la radio

5 ***Pendant mes heures de liberté, je préfère...***

a lire
b écouter de la musique
c regarder la télé
d sortir avec mes amis

6 ***Mes parents considèrent que . . .***

a je regarde trop la télé
b je regarde peu la télé
c je regarde de mauvais programmes
d je ne regarde pas assez la télé

7 ***Les programmes que je préfère sont . . .***

a les programmes éducatifs
b les documentaires politiques
c les séries américaines
d les programmes sur la nature ou sur les sciences

Calculez votre résultat:

1a — 3	*4a* — 3
1b — 2	*4b* — 2
1c — 1	*4c* — 0
1d — 0	*4d* — 2
2a — 3	*5a* — 3
2b — 3	*5b* — 2
2c — 0	*5c* — 1
2d — 3	*5d* — 0
3a — 0	*6a* — 0
3b — 1	*6b* — 2
3c — 2	*6c* — 1
3d — 3	*6d* — 3
	7a — 3
	7b — 3
	7c — 2
	7d — 3

RESULTAT

Entre 15 et 21
FELICITATIONS! Vous n'êtes pas du tout fanatique de la télé.

Entre 8 et 15
Vous avez des difficultés à passer votre temps sans regarder la télé. Essayez donc la radio!

Entre 0 et 8
Vous êtes vraiment fanatique de la télé. Il vous est presque impossible de passer vos heures de liberté sans télé.

TROP DE TELE?

QUE PENSEZ-VOUS?

T E L E V I S I O N

Etes-vous fanatique de la télé? Essayez ce jeu-test et comparez vos résultats.

Pour vous aider

fanatique de	hooked on
fâché / **fâchée**	angry
fou / **folle**	mad
avant d'allumer le poste	before switching on the set

Dire Straits (prononcez : *d'ailleurs straits*), un patron ... possible. Une histoire de guitare qui a tourné plus miel que vinaigre. Et Mark Knopfler, un guitariste olibrius, guilleret.

A2 SAMEDI 14 AVRIL
LES ENFANTS DU ROCK 22 H 5

C'est une histoire de guitare. Une guitare électrique, c'est tout bête. Rien qu'une caisse à savon longiligne, tendue de boyaux meurtrissants, plate comme une tarte vernie. Mais une guitare électrique, c'est émouvant aussi. De cet objet de tortures pour débutants en arpèges, s'extirpent parfois de belles émotions. Les pilotes les plus doués de l'engin, on les nomme les « guitar heroes ». Ils se comptent sur les cordes de l'instrument en question : Jimi Hendrix, le martien d'ébène, Eric Clapton, le british bluesy, Carlos Santana, le chicano fluide, ou... Mark Knopfler.

Mark « Chou-fleur », comme dit ma cousine mélomane qui n'a pas la mémoire des noms. Vous savez bien, le leader de Dire Straits. Prononcez « D'ailleurs Straits ». Décidément, chapeau : réussir à faire carrière avec de tels patronymes...

Littéralement, ça veut dire « *être aux abois, gêné aux entournures, dans la panade, dans la dèche* ». Quand on ... *en regardant autour de moi. Les Boys, par exemple, c'était un numéro minable de travestis dans un cabaret de Munich. Telegraph Road, une réflexion sur l'évolution d'une rue de Détroit. Ma musique est une sorte de bande originale du film de la vie...*

Grand flandrin déplumé au doigté vertigineux et à la gorge rauque, Mark Knopfler fut journaliste, puis professeur de littérature dans un collège britannique. Né dans les environs de Glasgow, fils d'un émigrant hongrois — Knopfler, ça veut dire « fabricant de boutons », « tailleur » — et d'une institutrice anglaise, autodidacte assidu de la guitare à l'écoute des disques de B.B. King ou Hank Marvin.

Son petit frère Dave *, proprement viré de l'orchestre au bout de deux albums, exerçait quant à lui le métier d'assistant social. Le bassiste John Illsley était disquaire, le batteur Pick Withers... batteur. Tout ce petit monde enregistra par un beau week-end de 1977 une maquette de quelques chansons. Un disc jockey de Radio London, Charlie Gillett, passa la bande sur l'antenne. Moins de six mois après, le groupe se voyait doté d'un contrat en bonne et due ...

... new wave rebelle, s'empressèrent de ... tique pour frapper les cordes — zé... ...es aigrelettes qui ...e ou Eric Clapton. ...ul groupe anglais ...méricain que les ... dirigiste, fuyant les ... Mark Knopfler est deve-

nu une valeur sûre du rock planétaire. On se l'arrache dans les studios, il a co-produit le dernier Dylan. ... des pointures ... Phil ... de ... cou- ... une ... qu'à la mode ... nouveaux acolytes, le ... de guitares cinglantes est devenu un bon gros groupe au spectacle bourré d'effets spéciaux largement délayés. A l'image de ce récent double album en public, *Alchemy*, au climat qui rappelle plus Genesis que les Shadows.

Dire Straits ? Rien à dire. Juste une histoire de guitare qui a tourné plus miel que vinaigre. Un vin clairet dégusté désormais dans tous les salons, devenu grand cépage un peu malgré lui. Et tant pis pour Mark, si on continue à l'appeler « Chou-fleur »...

* Ouf, les deux frères semblent réconciliés : Mark joue sur l'album de Dave, *Release*...

Apprenez par coeur

Lisez
Couvrez l'anglais
Demandez l'anglais à un ami / une amie
Couvrez le français
Demandez le français à un ami / une amie
Changez de rôle

(Ecrivez, sans regarder le français)

Je regarde la télé une fois par semaine	I watch TV once a week
Je la regarde à peu près trois heures par jour	I watch it about three hours a day
Pendant mes heures de liberté . . .	In my spare time . . .
Ça m'est égal	I don't care
Le poste de télé est en panne	The TV set is out of order

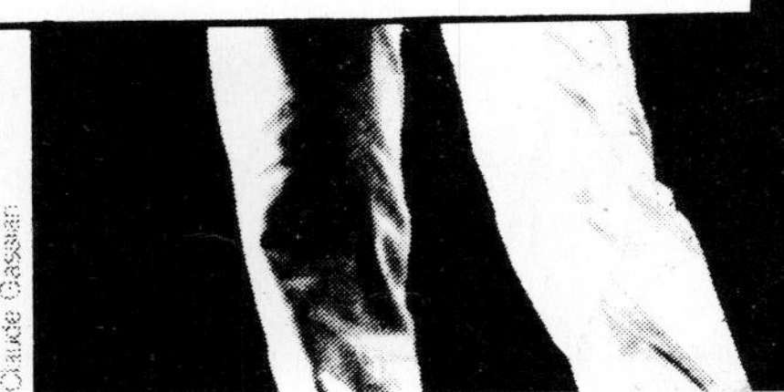

Claude Gassian

Que pensez-vous de ce jeu-test? Discutez en anglais.

TROP DE TELE?

VOUS AVEZ LE MATERIEL AUDIOVISUEL?

A **Lisez et apprenez**

avoir

j'ai	**nous avons**
tu as	**vous avez**
il a	**ils ont**
elle a	**elles ont**
on a	

Pour vous aider

ça marche bien?	does it work well?
nos copains	our friends
des vélos de course	racing bikes
la santé	health

une grande radio-cassette

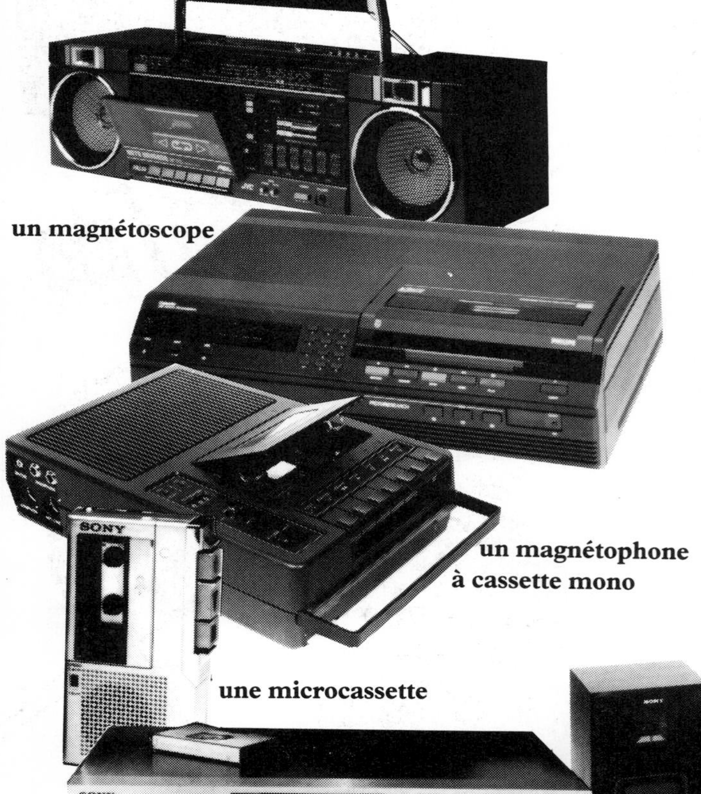

un magnétoscope

un magnétophone à cassette mono

une microcassette

un récepteur

B **Complétez les phrases comme vous voulez.**

1 J'ai un vélo, mais je n'ai pas de . . .
2 Ma mère a un magnétoscope, mais elle n'a pas de...
3 Chez nous, nous avons un téléviseur, mais nous n'avons pas de . . .
4 Mes parents ont un piano, mais ils n'ont pas de . . .
5 Vous avez une radio, mais vous . . .
6 Tu as des patins à roulettes, mais tu . . .
7 Moi, j'ai beaucoup de . . . , mais je n' . . .
8 Tous mes copains ont des . . . , et moi, je n' . . .
9 Vous avez un juke-box? Mais vous n' . . .
10 Tu as des jeux vidéo? Mais tu n' . . .

une chaîne stéréo

VOUS AVEZ LE MATERIEL AUDIOVISUEL?

TROP DE TELE?

C Composez et écrivez dix phrases:

J'	ai	un vélo
Tu	as	une guitare
Ma mère	a	un magnétoscope
Mon père	a	une cassette portable
Ma soeur	a	un casque à écouteurs
Mon frère	a	des patins à roulettes
Nous	avons	un magnétophone
Vous	avez	un juke-box
Mes copains	ont	des jeux vidéo

un jeu vidéo

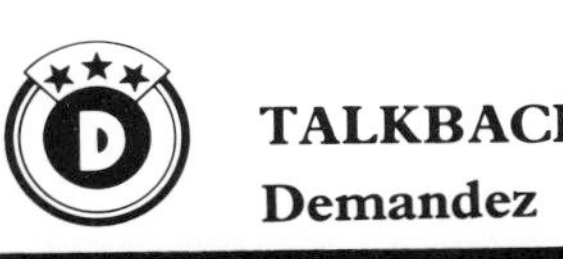

D TALKBACK
Demandez

un juke-box

un casque à écouteurs individuel

1 STEP BY STEP

HIER C'EST PASSÉ HIER C'EST PASSÉ

Regardez ce calendrier et notez les mots qui indiquent le passé.

SEPTEMBRE				
LUNDI	1	8 la semaine dernière	15 avant-hier	22
MARDI	2	9 mardi dernier	16 hier matin HIER hier soir	23
MERCREDI	3 il y a deux semaines	10 il y a une semaine	17 ce matin AUJOURD'HUI ce soir	24
JEUDI	4	11 jeudi dernier	18	25
VENDREDI	5	12 il y a cinq jours	19	26
SAMEDI	6	13 pendant le week-end	20	27
DIMANCHE	7	14	21	28

Quelle date?

Choisissez

1 Hier?	**a** le 17
2 Il y a cinq jours?	**b** le 13
3 Il y a une semaine?	**c** le 15
4 Jeudi dernier?	**d** le 16
5 Avant-hier?	**e** le 3
6 Aujourd'hui?	**f** le 12
7 Il y a deux semaines?	**g** le 11
8 Samedi dernier?	**h** le 10

Apprenez par coeur

aujourd'hui	today
ce matin	this morning
ce soir	this evening
hier	yesterday
hier matin	yesterday morning
hier soir	yesterday evening
il y a une semaine	a week ago
jeudi dernier	last Thursday
pendant le week-end	over the weekend
la semaine dernière	last week
avant-hier	the day before yesterday

Vous avez regardé la télévision hier?

Vous avez écouté la radio hier?

Nous avons posé ces deux questions à quelques jeunes gens dans les studios de STUDIO 16.
Ecoutez leurs réponses.

Hélène, tu as regardé la télé hier?
Oui, j'ai regardé la télé.
Eric?
Non, je n'ai pas regardé la télé.
Pascale?
Oui . . . un peu.
Jacques?
Non, pas du tout.
Patricia?
Oui . . . après l'école.

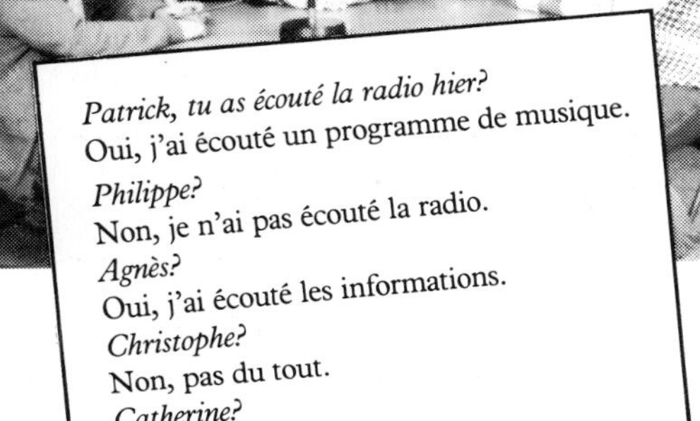

Patrick, tu as écouté la radio hier?
Oui, j'ai écouté un programme de musique.
Philippe?
Non, je n'ai pas écouté la radio.
Agnès?
Oui, j'ai écouté les informations.
Christophe?
Non, pas du tout.
Catherine?
Oui . . . un peu.

Ecoutez.
Notez dans votre cahier les mots qui manquent. Arrêtez la bande, si nécessaire.

1 — Hélène, tu as _____ la télé hier?
— Oui. J'ai regardé la télé. J'ai regardé les _____.

2 — Eh bien, Pascale? Est-ce que tu _____ regardé la télé _____?
— Euh, oui. Les publicités, c'est tout.

3 — Et toi, Jacques? Tu _____ regardé la télé hier?
— Non, _____ du tout.

4 — Dis-moi, Patrick, tu as _____ la radio hier?
— Oui. J'ai écouté un programme de _____.

5 — Agnès, est-ce que _____ _____ _____ la radio?
— _____. J'ai _____ les informations.

6 — Et finalement, Catherine?
— Oui, un _____, les _____ et un feuilleton.

TALKBACK
Ecrivez les titres de trois programmes de télévision britanniques, puis demandez

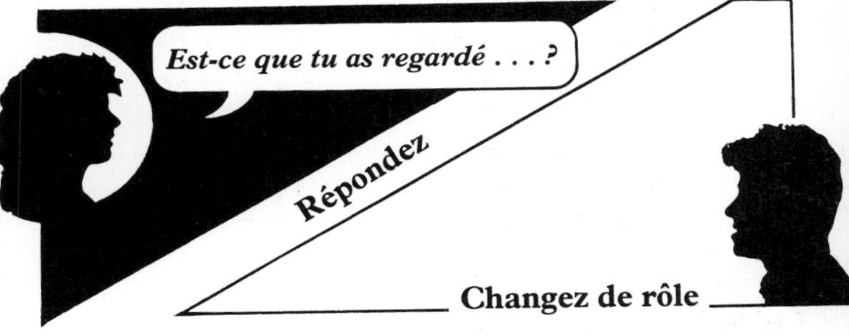

TALKBACK
Demandez

Tu as regardé la télévision hier?
Répondez
Tu as écouté la radio hier?
Changez de rôle

TALKBACK
Ecrivez les titres de trois disques, puis demandez

Est-ce que tu as écouté . . . ?
Répondez
Changez de rôle

S16
SAMEDI 11.30
LES JEUNES EN VOYAGE
MAGAZINE pour les jeunes qui aiment voyager et visiter d'autres pays

Ecoutez d'abord Marianne, notre reporter de STUDIO 16 qui a visité Douvres hier.

a hier

b à six heures

c à Calais

d le matin, sur le pont

e à Douvres

f vers midi

g l'après-midi

h hier soir

Choisissez le texte qui va avec chaque image.

1 J'ai trouvé un pub au centre de la ville où j'ai mangé un bon repas — des saucisses avec de la purée.

2 J'ai pris le bateau à six heures et demie. Pendant la traversée, j'ai écouté l'enregistrement et j'ai préparé mon reportage.

3 J'ai fait les magasins et j'ai regardé les prix des vêtements, des chaussures, des fruits et de la viande.

4 J'ai parlé avec des touristes . . . et j'ai enregistré les réponses.

5 J'ai passé une très belle journée. J'ai visité Douvres.

6 J'ai laissé ma voiture et j'ai acheté mon billet.

7 J'ai pris un café au bar. Ensuite j'ai passé une demi-heure sur le pont.

8 J'ai quitté mon appartement de bonne heure.

C

Quelques jours plus tard, Marianne a écrit une lettre à une amie anglaise. Ecoutez encore une fois l'interview et complétez la lettre en anglais.

Dear Lucy,

You will be interested to learn that I came over to Dover a couple of days ago. I left home early, at ___ o'clock, in fact. I left my ___ in Calais. I spent ___ on deck.

At Dover I looked at the prices of ___ and ___ and also fruit and meat. In England, clothes seem to be ___ than in France. I interviewed lots of tourists about their impressions of the town and the shops. I had ___ and ___ for lunch in a pub in the town ___. On the way back I ___ my recording and I ___ my ___.

Hope all is well with you,
Best wishes

Marianne

Pour vous aider

une journée	a day
de bonne heure	early
la traversée	the crossing
sur le pont	on deck
les prix	prices
meilleur marché	cheaper
plus cher	more expensive
j'ai rencontré	I met
vers	at about
des saucisses avec de la purée	sausage and mash
j'ai enregistré	I recorded
l'enregistrement	the recording

Ecoutez et écrivez les mots qui manquent. Choisissez dans cette liste:

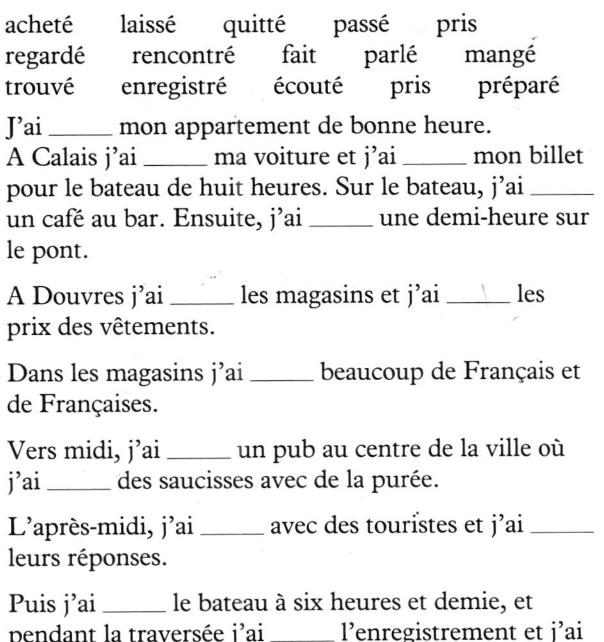

acheté laissé quitté passé pris
regardé rencontré fait parlé mangé
trouvé enregistré écouté pris préparé

J'ai _____ mon appartement de bonne heure. A Calais j'ai _____ ma voiture et j'ai _____ mon billet pour le bateau de huit heures. Sur le bateau, j'ai _____ un café au bar. Ensuite, j'ai _____ une demi-heure sur le pont.

A Douvres j'ai _____ les magasins et j'ai _____ les prix des vêtements.

Dans les magasins j'ai _____ beaucoup de Français et de Françaises.

Vers midi, j'ai _____ un pub au centre de la ville où j'ai _____ des saucisses avec de la purée.

L'après-midi, j'ai _____ avec des touristes et j'ai _____ leurs réponses.

Puis j'ai _____ le bateau à six heures et demie, et pendant la traversée j'ai _____ l'enregistrement et j'ai _____ mon reportage.

TALKBACK
Prenez le rôle de Christian. Demandez

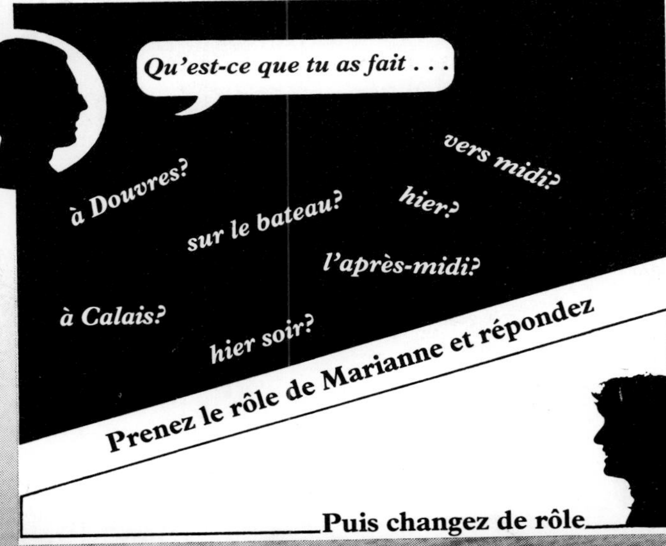

Apprenez par coeur

j'ai acheté	I bought
j'ai écouté	I listened to
j'ai enregistré	I recorded
j'ai fait les magasins	I went round the shops
j'ai laissé	I left
j'ai mangé	I ate
j'ai parlé	I spoke
j'ai passé	I spent
j'ai préparé	I prepared
j'ai pris	I took, I had
j'ai quitté	I left
j'ai regardé	I looked at
j'ai rencontré	I met
j'ai trouvé	I found

Voici le carnet de Marianne. Malheureusement elle a eu un accident sur le bateau. Aidez-la à compléter ses notes.

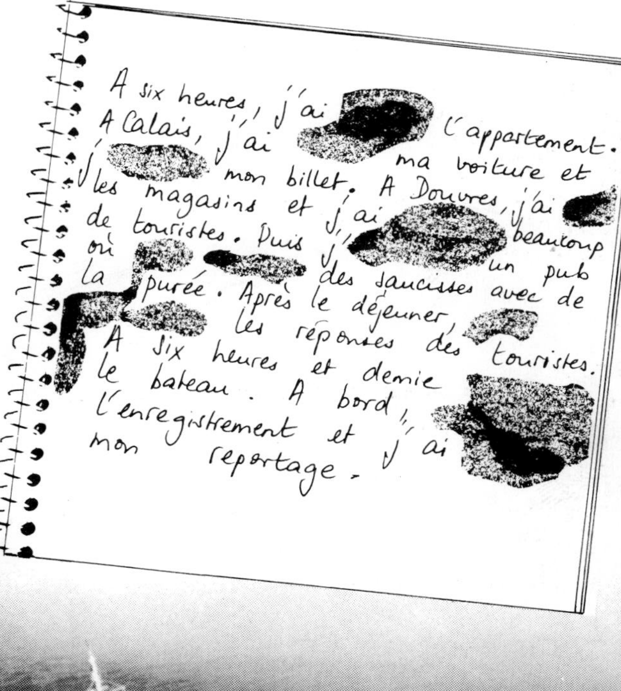

A six heures, j'ai l'appartement. A Calais, j'ai ma voiture et mon billet. A Douvres, j'ai les magasins et j'ai beaucoup de touristes. Puis j'ai un pub où des saucisses avec de la purée. Après le déjeuner, les réponses des touristes. A six heures et demie le bateau. A bord, j'ai l'enregistrement et j'ai mon reportage.

Maintenant au STUDIO 16 nous allons parler avec . . .

Nicole Colette 16 ans.
Elle va au collège.

Michel Renou 22 ans.
Il travaille comme secrétaire dans un bureau.

Lilianne Toupotte 32 ans.
Elle travaille comme directrice dans un cabinet d'architecte.

On a posé la question:
Qu'est-ce que vous avez fait ce matin?
Ecoutez et lisez. Qui parle?

1 « Ce matin à sept heures j'ai quitté mon appartement. J'ai pris un taxi à la gare et j'ai acheté mon billet. Au café j'ai pris un café-crème. Ensuite j'ai pris le train de neuf heures pour Paris. Dans le train j'ai rencontré un collègue et on a regardé des plans. »

2 « Moi, j'ai pris mon petit déjeuner à sept heures moins le quart et j'ai écouté les informations à la radio. Puis j'ai fait la vaisselle et j'ai rangé ma chambre. J'ai quitté la maison à sept heures et demie. J'ai marché jusqu'à la station de métro et j'ai pris le premier train. J'ai commencé à travailler au bureau à huit heures et demie. »

3 « Ce matin je n'ai rien mangé mais j'ai pris un café. Dix minutes plus tard, à huit heures dix, j'ai quitté la maison pour aller à l'arrêt de l'autobus . . . malheureusement j'ai manqué le bus! Alors j'ai marché très vite jusqu'au collège. Au coin de la rue j'ai rencontré une de mes amies. On a discuté avant d'entrer au collège. »

Copiez puis complétez le résumé.

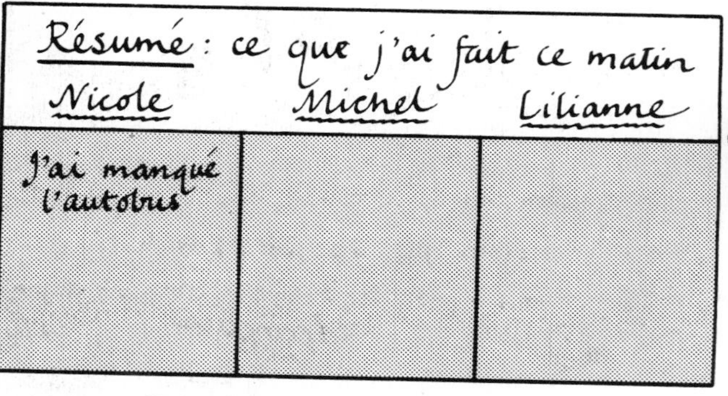

J'ai pris mon petit déjeuner.
J'ai écouté les informations.
J'ai pris un taxi à la gare.
J'ai rangé ma chambre.
J'ai manqué l'autobus.
J'ai pris le train.
J'ai rencontré une de mes amies.

Apprenez par coeur

j'ai écouté les informations	I listened to the news
j'ai fait la vaisselle	I did the washing-up
je n'ai rien mangé	I didn't eat anything
j'ai rangé ma chambre	I tidied my room
j'ai manqué l'autobus	I missed the bus
j'ai pris le train	I caught the train

TALKBACK
Demandez

Maintenant écrivez un paragraphe:
Ce que j'ai fait ce matin

STUDIO 16 est à Londres.

Chantal, Guy et David, trois jeunes Français, sont en visite à Londres pour trois jours. Ce soir ils ont téléphoné en France à leurs parents. Nous avons enregistré leurs conversations au téléphone pour STUDIO 16.

Qu'est-ce que tu as fait?
Qu'est-ce que tu as acheté?
Tu as pris des photos?

Ecoutez le premier coup de téléphone. Chantal parle à son père.

TALKBACK
Qu'est-ce que tu as fait à Londres?
Posez les questions

Tu as visité tous les monuments?
Qu'est-ce que tu as acheté comme souvenirs?
Tu as pris des photos?

Prenez le rôle de Chantal et répondez

J'ai pris . . .

J'ai visité . . .
J'ai vu . . .
J'ai acheté . . .

Qu'est-ce que vous avez fait?
Vous avez fait du shopping?
Vous avez mangé où?

Combien de phrases pouvez-vous faire?
Qu'est-ce que tu as fait à Londres?

J'ai	acheté pris mangé visité fait vu	le château de Windsor des sandwiches des photos le métro un sac la Tour de Londres à l'hôtel des excursions

Qu'est-ce que vous avez fait à Londres?

On a	acheté passé visité rencontré vu fait	des souvenirs des touristes un film deux jours à Londres des musées du shopping

Maintenant écoutez Guy et son frère David.

TALKBACK
Qu'est-ce que vous avez fait à Londres?
Posez les questions

Qu'est-ce que vous avez fait?
Vous avez fait du shopping?
Vous avez mangé où?

Prenez les rôles de Guy et de David et répondez

On a visité . . .
On a acheté . . .
On a mangé . . .

courrier d'Angleterre

Je m'appelle Jean-Michel. J'ai passé trois jours en Angleterre avec mes camarades de classe et nous avons passé une journée à Londres. J'ai écrit cette lettre à ma famille.

Douvres le 13 octobre

Chers tous,
Tout va bien ici en Angleterre.
Hier matin, nous avons passé une journée à Londres.
Le matin, nous avons visité la Cathédrale St. Paul et la Tour de Londres et nous avons pris le métro et l'autobus. Moi, j'ai laissé mon appareil dans l'autobus !! Un des profs a téléphoné au bureau des objets trouvés à Baker Street mais on ne l'a pas retrouvé...
A midi, nous avons mangé dans un Mc Donald.
L'après-midi, à Covent Garden, l'ancien marché aux fleurs, j'ai acheté des souvenirs de Londres. Les boutiques sont très jolies.
Le soir, nous avons mangé des «fish and chips» dans un jardin public, puis à sept heures et quart nous avons pris le train pour rentrer à notre hôtel à Douvres.
On mange bien ici.
Bons baisers à tous,

Jean-Michel

Lisez la lettre

Lisez ces phrases.
Mettez-les dans le bon ordre, puis copiez-les dans votre cahier.

Le soir, nous avons mangé des « fish and chips ».
L'après-midi, j'ai acheté des souvenirs à Covent Garden.
A midi, nous avons mangé dans un McDonald.
A sept heures et quart, nous avons pris le train pour rentrer à notre hôtel.
Le matin, nous avons visité la Tour de Londres.

Vrai ou faux?
Ecrivez *vrai* ou *faux* pour chaque phrase.

Discutez d'abord avec un ami. / une amie.

1 Nous avons passé deux jours à Londres.
2 Nous avons visité la Cathédrale St Paul.
3 Nous avons pris le métro et le car.
4 J'ai laissé mon appareil dans le métro.
5 A Covent Garden j'ai acheté des souvenirs.
6 Le soir, nous avons mangé dans un restaurant.
7 Nous avons pris le train pour rentrer à Douvres.

Maintenant corrigez les phrases incorrectes et écrivez-les dans votre cahier.

Pour vous aider

mon appareil	my camera
un des profs	one of the teachers
le bureau des objets trouvés	the lost property office
l'ancien marché aux fleurs	the former flower market
bons baisers à tous	love to you all

Copiez en complétant cette carte postale:

Londres, le 12 juin

A SALMON
CAMERACOLOU
POST CAR
PRINTED IN ENGLAND

Chère Pascale,
Le week-end dernier, j'— v—é Boulogne avec ma famille.
A Douvres, nous — pris le bateau. A Boulogne, nous — m— dans un restaurant et après, nous — v— le musée et la cathédrale. Nous — ach— du fromage, du vin et du parfum. Moi, j'— — un tee-shirt.
A six heures, nous — p— le bateau. A bord, nous — joué aux cartes.
Amitiés, Dominique

- 00 - 00 - 12

J. SALMON LTD., SEVENOAKS ©

Pascale C
13, rue
Renn
F

Vous avez passé une journée à Boulogne avec des amis.
Ecrivez une lettre — racontez ce que vous avez fait.

Cher ______
Chère
Merci de ta lettre. J'espère que tu vas bien. Voici de mes nouvelles. La semaine dernière, j'ai ______ une journée à Boulogne avec mes amis.
J'__ q____ l'[building] à [clock] du matin. Nous ______ ______ le [train] pour Douvres. Mais malheureusement, j'ai laissé tout mon argent dans le train!
A Douvres, nous ______ passé la douane. Nous ______ montré les passeports. Sur le bateau, nous ______ ______ des boissons au bar. Moi, j'__ cassé un [glass].
A Boulogne, nous ______ f____ les magasins et nous ______ v____ la [cathedral] et le [Mus→]. Nous ______ ______ des [postcards], puis nous ______ ______ dans un restaurant et nous ______ manqué le [boat]. Quelle journée!
Ecris-moi bientôt!

Amitiés, Claire

Pour vous aider

le car	coach
j'ai montré	I showed
des boissons	drinks
j'ai cassé	I broke
j'ai manqué	I missed

TALKBACK
Posez la question

Qu'est-ce que vous avez fait avec votre ami / amie pendant le week-end?

Répondez

On a / Nous avons quitté la maison.

regardé *acheté* *écouté* *pris* *rencontré* *mangé* *joué*

Changez de rôle

Ecrivez un paragraphe:
Ce que j'ai fait pendant le week-end

Apprenez par coeur

Nous avons passé une journée à Londres	We spent a day in London
Nous avons pris l'autobus	We took the bus
Nous avons mangé . . .	We ate . . .
Nous avons fait les magasins	We went round the shops
Nous avons acheté . . .	We bought . . .
Nous avons passé la douane	We went through the customs
Nous avons manqué le bateau	We missed the boat
Quelle journée!	What a day!

On parle français dans plusieurs pays du monde, pas seulement en France.

Sur cette carte, vous avez les pays du monde où l'on parle français — *les pays francophones.*

Il y a d'anciennes colonies françaises, comme les pays d'Afrique du nord, par exemple.

Et il y a de vrais départements qui sont tout à fait français, comme la Guadeloupe et la Martinique.

Chutes Montmorency
Montmorency Falls

Voici les noms des pays qu'on vous présente dans STUDIO 16A:

1 Québec
2 France
3 Suisse
4 Maroc
5 Algérie
6 Tunisie
7 Guadeloupe
8 Martinique
9 Sénégal

dans le monde

MAROC

ALGERIE

Pour vous aider

plusieurs pays du monde	several countries in the world
les pays francophones	French-speaking countries
d'anciennes colonies	former colonies
tout à fait	completely
les prochains programmes	future programmes
tout d'abord	first of all

présentations

Maintenant au STUDIO 16 vous allez rencontrer quelques jeunes gens qui viennent de pays francophones.

Ils travaillent à Londres comme assistantes et assistants de français. Nous allons parler avec eux de temps en temps dans les prochains programmes de STUDIO 16.

Tout d'abord, les présentations . . .

Le français dans le monde

A **Ecoutez**

1 Je m'appelle Ahmed Mezrag. Je travaille comme assistant de français à Londres. Je suis né à Alger.

2 Je m'appelle Sylvie Bécrit. Je viens de la Martinique, qui est une île francophone des Antilles. Je suis assistante de français à Stoke Newington School au nord de Londres.

3 Je m'appelle Radhi Ben Romdane. A Londres, on m'appelle Ben. Je suis tunisien. Je viens d'Hammamet.

4 Je m'appelle Fatima Chaoui. Je viens du Maroc.

5 Je m'appelle Ousmane Seck. Je viens du Sénégal.

6 Bonjour! Je m'appelle Andrée Renaud. Je ne suis pas française. Je viens de l'Amérique du nord — du Québec.

Pour vous aider

je viens de	I come from
je suis né / née	I was born
les Antilles	French West Indies
langues parlées	languages spoken

B **Ecoutez encore une fois. Trouvez les détails qui manquent, et notez-les dans votre cahier.**

	1	2	3	4	5	6
PRENOM	Ahmed	....	Radhi	....	Ousmane	....
NOM DE FAMILLE	Mezrag	Bécrit	Ben Romdane	Chaoui	Seck	Renaud
ECOLE	George Orwell School	Stoke Newington School	Hackney Downs School	....	Sir Walter St John's School	Grey Coat Ho
PAYS D'ORIGINE	Algérie	....	....	Maroc	....	Québec
LANGUES PARLEES	.... anglais	anglais allemand .... patois	arabe tunisien arabe classique français anglais allemand italien	dialecte marocain suisse-allemand français anglais	français .... russe deux langues africaines	....

Le français dans le monde

Premières Impressions

Lisez
Quelles sont vos premières impressions sur la vie en Angleterre et sur les Anglais?

Fatima

— Mes premières impressions sur l'Angleterre sont très favorables et positives. J'apprécie beaucoup la politesse des gens qui n'hésitent jamais à vous aider si vous leur posez une question dans la rue.

Au début j'ai été impressionnée par la hauteur des bus. Dans mon pays les autobus n'ont pas d'escaliers, ni d'étage supplémentaire.

J'aime beaucoup les grands parcs de Londres où on peut faire de longues promenades. Je profite aussi des musées et des bibliothèques.

Quelque chose de nouveau pour moi — les «cheesecakes» ! C'est très bon!

Ahmed

— Au début, ce qui m'a frappé, c'est le calme et la réserve des Anglais. A ma grande surprise j'ai vu des gens faisant la queue, devant les cinémas, aux arrêts d'autobus, très disciplinés, pas du tout comme des «hooligans» aux matchs de football qu'on voit à la télé.

Ce qui m'a frappé aussi, c'est la diversité dans la mode, et dans la musique. Mais je n'ai pas rencontré beaucoup de «gentlemen» en chapeau melon!

Ce que j'ai apprécié en Angleterre, et surtout à Londres, c'est la multitude de parcs. Et on peut marcher sur les pelouses!

Je pense que les Anglais sont très attachés à leur identité régionale. Rares sont les Anglais que j'ai connus et qui ne m'ont pas invité à leur «pub» local!

Pour vous aider

la vie	life
au début	at first
la hauteur	the height
étage supplémentaire	top deck
je profite des musées	I am making the most of the museums
quelque chose de nouveau	something new
ce qui m'a frappé	what struck me
faisant la queue	queueing
la mode	fashion
les pelouses	the grass
que j'ai connus	whom I have known

18 ans de ma vie.... au Maroc

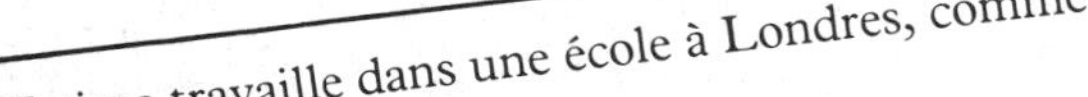

Fatima travaille dans une école à Londres, comme assistante de français.
Elle a grandi au Maroc. Elle nous parle de . . .

- son enfance
- ses études au Maroc
- ses voyages
- ses études en France

**Ecoutez l'interview au STUDIO 16.
On a posé ces questions:**

Où avez-vous passé votre enfance?
A quel âge avez-vous commencé à aller à l'école?
Quand avez-vous quitté l'école?
Avez-vous visité d'autres pays?
Vous avez beaucoup voyagé?
A quel âge avez-vous commencé vos études en France?

Pour vous aider

j'ai grandi	I grew up
j'ai toujours vécu là	I have always lived there
pays natal	country of birth
j'ai également été	I have also been

**Ecoutez encore une fois.
Arrêtez la bande, si nécessaire.
Un stylo à la main, prenez des notes en français.
Notez, si possible . . .**

1. *née*..............................où?
2. *enfance*..............................où?
3. *commencé à aller à l'école*...à quel âge?
4. *quitté l'école*..............à quel âge?
5. *autres pays visités*..........quels pays?
6. *études en France*.......quelle matière?

Comparez vos notes avec un ami. / une amie.

Ecoutez l'interview encore une fois pour vérifier vos réponses.

Ecoutez, et notez dans votre cahier les mots qui manquent.

Fatima: Je suis née en Suisse, mais j'ai grandi au _____, à Rabat, qui est la capitale. J'ai _____ vécu là.

S16: A quel âge avez-vous commencé à aller à _____?

Fatima: J'ai commencé à aller à l'école primaire à l'âge de _____ ans.

S16: Avez-vous visité d'autres _____?

Fatima: Oui, j'ai _____ l'Espagne, qui est située entre la _____ et le _____. J'ai aussi visité la _____, qui est mon pays natal.

S16: Vous avez beaucoup voyagé?

Fatima: Oui, j'ai _____ voyagé. J'ai été dans le désert au sud du _____, mais j'ai également été dans les _____, en Suisse.

Lisez

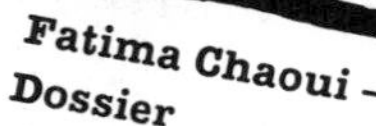

Fatima Chaoui — Dossier

Fatima Chaoui est née en Suisse, à Zurich. Mais elle a grandi au Maroc, à Rabat, qui est la capitale. Rabat se trouve au bord de l'océan Atlantique.

Elle a commencé à aller à l'école primaire à l'âge de cinq ans. Puis elle a été dans un lycée. A l'âge de dix-huit ans elle a quitté le lycée et elle a commencé ses études en France où elle a étudié l'anglais.

Elle a beaucoup voyagé — en Suisse, en Espagne, et dans le désert au sud du Maroc.

Elle a toujours adoré les voyages. Elle a été dans le désert et également dans les Alpes.

Dans le monde

Rabat

Répondez aux questions

1 Fatima est née où?
2 Où a-t-elle grandi?
3 Quelle est la capitale du Maroc?
4 Est-ce que Rabat est situé dans le désert?
5 Fatima a quitté le lycée à quel âge?
6 Où a-t-elle étudié l'anglais?
7 Elle a visité quels autres pays?
8 Elle a aimé ses voyages?

Sans regarder le texte, ni les questions, essayez d'écrire en français huit phrases sur la vie de Fatima.

Puis comparez vos phrases avec un ami. / une amie.

TALKBACK
Interrogez un professeur.

Posez les questions

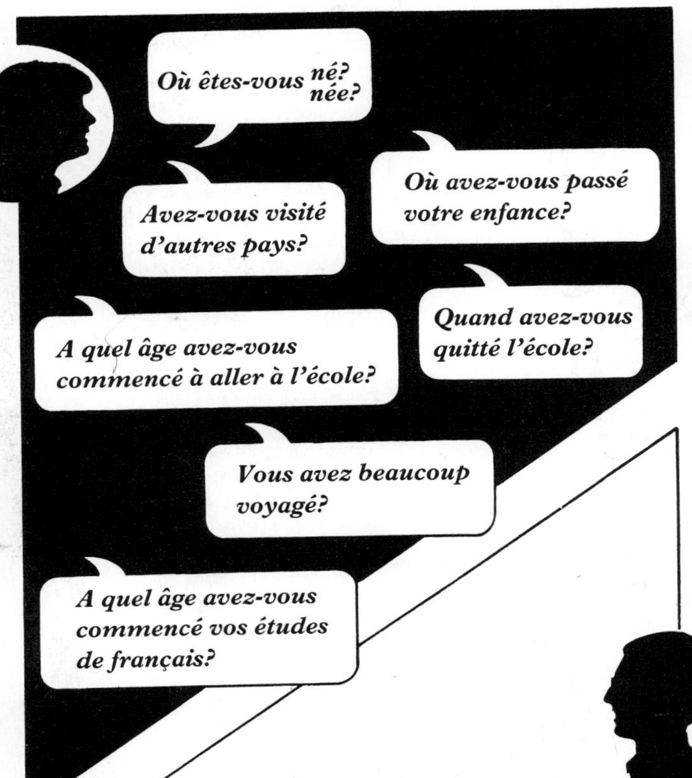

TALKBACK
Maintenant posez des questions à un autre adulte.

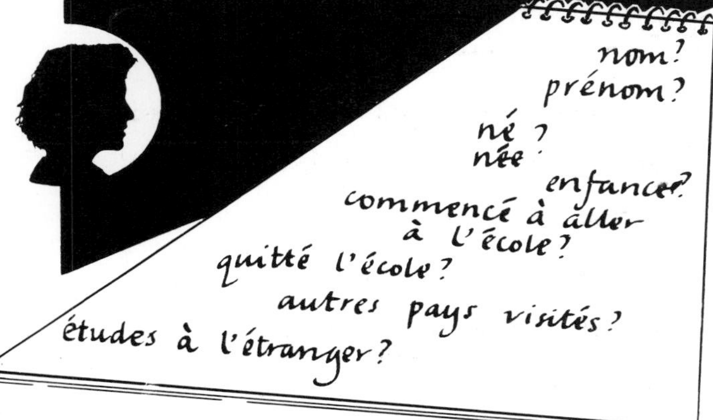

Ecrivez cinq phrases sur vous-même. Présentez-vous!

Je suis né en Irlande, mais j'ai grandi en

Ecrivez un paragraphe sur le professeur ou l'adulte que vous avez interviewé (en 50-90 mots).

Apprenez par coeur

Je suis né / née	I was born
J'ai grandi	I grew up
J'ai commencé à aller	I began to go
J'ai visité	I have visited
J'ai beaucoup voyagé	I have travelled a lot
Je n'ai pas beaucoup voyagé	I haven't travelled much
Avez-vous visité d'autres pays?	Have you visited any other countries?

STUDIO S16 INFOS RADIO

96	100	104	INFOS RADIO FM/MHz

700	800	900	1000	1200	1400	AM/KHz

Les infos

Nouvel attentat en Irlande du Nord
Huitième vol de la navette spatiale Challenger
Explosion en Bretagne

Ecoutez, puis répondez.

L'Irlande du Nord

1 When did the bomb explode?
 a in the morning
 b in the evening

2 How many were hurt?
 a 2 soldiers
 b 3 civilians

3 In which town was it?
 a Belfast
 b Derry (Londonderry)

4 Where exactly was the bomb?
 a under a military vehicle
 b inside a military vehicle

Huitième vol de la navette Challenger

1 This was Challenger's
 a first flight
 b eighth flight

2 The space shuttle was due to take off at
 a 11.15
 b 11.30

3 The first black astronaut was
 a 50 years old
 b 40 years old

Explosion à Pont-Aven, en Bretagne

1 When did the explosion happen?
2 What blew up?
3 Was Mme Moine hurt?
4 Where was Mme Moine at the time?

Perros-Guirec
I. d'Ouessant
Brest
Morlaix
St-Brieuc
CÔTES-DU-NORD
Fougères
I. de Sein
FINISTÈRE
ILLE-ET-
Quimper
Pontivy
Pont-Aven
MORBIHAN
Lorient
OCÉAN
ATLANTIQUE
Vannes
Belle-Ile
St-Nazaire

Pour vous aider

un nouvel attentat	a new attack
le vol	the flight
blessés	hurt
la navette spatiale	the space shuttle

AL INFOS JOURNAL INFOS JOURNAL INFOS JOU
NFOS JOURNAL INFOS JOURNAL INFOS JOURNA
NAL INFOS JOURNAL INFOS JOURNAL INFOS JO

PERDU PUIS RETROUVE SAIN ET SAUF!

Dimanche soir vers sept heures, à Draguignan, M et Mme Callas ont fait une promenade en forêt avec leur fille, Suzanne, âgée de deux ans. Soudain, ils ont perdu la petite Suzanne de vue. Les parents ont appelé. Ils ont cherché partout. Très anxieux, ils ont demandé l'aide de la gendarmerie et des pompiers à Draguignan.

Enfin, après une heure de recherche, un maître chien de la brigade de Fréjus a amené son chien «Tirex» pour aider à la recherche. «Tirex» a retrouvé le bébé sain et sauf, et seulement à 300 mètres de son point de départ . . .

Le bébé s'était endormi sous un arbre!

Voici un résumé de l'histoire de Suzanne — écrit par un autre reporter. Comparez cette version avec la version de gauche. Trouvez cinq différences entre les deux versions.

Une fille âgée de deux ans a échappé à l'attention de ses parents. Elle a disparu samedi soir, vers six heures.

Les parents n'ont pas retrouvé leur fille, et ils ont donc demandé de l'aide à l'hôpital de Draguignan.

Les recherches ont duré trois heures, mais à la fin, le bébé a été retrouvé, sain et sauf sous un arbre, par un agent de police.

B **Corrigez cette version-ci et écrivez la version correcte dans votre cahier.**

ENFANT DISPARU A PARIS, RETROUVE SAIN ET SAUF!

Mardi soir un petit garçon de quatre ans a disparu devant son immeuble, rue Houdin, à Paris. Il a été retrouvé sain et sauf dans le même quartier.

Une jeune femme de 29 ans a été interpellée par la police. Elle a expliqué à la police qu'elle voulait garder le garçon chez elle, rue Morand, quelques jours.

Ecrivez les mots qui manquent.

Un garçon de _____ ans a disparu _____ soir.
Il était devant son _____, rue Houdin, à _____.
Heureusement il a été retrouvé sain et _____.
Une jeune _____ voulait garder le _____ chez elle.

Répondez

1 Qui a disparu?
2 Il a disparu quand?
3 Où habite le garçon?
4 Où a-t-il été retrouvé?
5 Où habite la jeune femme?

Pour vous aider

perdu	lost
retrouvé	found
sain et sauf	safe and sound
ils ont perdu de vue	they lost sight of
un maître chien	a dog handler
a amené	brought
s'était endormi	had fallen asleep
a échappé	escaped
les recherches	the search
un immeuble	a block of flats
le même quartier	the same district
interpellée	interrogated
elle voulait garder	she wanted to keep
des chevaux de course	racehorses
volés	stolen

Les chevaux volés . . . retrouvés en Belgique!

Deux des quatre chevaux de course de grande valeur, volés dans la nuit du 3 au 4 août dernier à Saint-Omer (Pas-de-Calais), ont été retrouvés sains et saufs à Mons en Belgique. On cherche toujours les deux autres chevaux.

Répondez

1 Combien de chevaux ont été volés?
2 Combien de chevaux ont été retrouvés?
3 Où ont-ils été retrouvés?

A vendre

INFOS

PETITES ANNONCES PETITES ANNONCES PETITES ANNONCES

A vendre camion Mercedes LP 1013, à benne, 1981, 27 000 km, charge utile 6 tonnes. Téléphoner 54.88.21, Saint-André.

A V. TRES BEAU VELO DE COURSE, bleu métallisé, neuf, marque PEUGEOT. Prix 1.300F. Tél. (46) 48.93.45

A V. TELEVISEUR, 28CM, noir et blanc, marque SONY, sur batterie —12V. Idéal pour camping/caravanning. Très bon état, 800F. Tél. (46) 04.10.01

Renault 4 F6, fourgonnette 1979, accidentée, réparable. Faire offres 32.90.08, La Colle.

Renault Trafic 1000 kg diesel, 1981, blanc, garantie, crédit 30 mois. 44.82.20 Nice.

Spécialiste utilitaire, achat, vente. YVARS, 272, route de Grenoble, Nice, 71.44.73.

A V. MINI-VELO, marque PEUGEOT (adulte) gris métallisé, 500F. Tél. (46) 90.24.23 (heures déjeuner ou dîner)

A V. ORDINATEUR INDIVIDUEL neuf, jamais utilisé, marque SANYO. Mémoire ext. 8K, synthétiseur musique avec disque 100K. 25.000F. Tél. (67) 23.56.01

CHORD-CRÉATION, ORGANISATION DÉVELOPPEMENT DES ENTREPRISES : constitution, domiciliations, sièges sociaux, location bureaux Nice, 88.63.93.

Créations d'entreprises, pièce 24, domiciliation depuis 180 F/mois, sièges sociaux, constitutions S.A.R.L. : 4.300 F. C.I.A. Nice, 86.81.34, Antibes, 34.48.94.

CRÉATIONS D'ENTREPRISES NIC'AS-TRI, domiciliations, sièges sociaux, seuls frais 150, 200 francs, constitutions. Cannes, 38.21.70, 38.23.97.

A V. APPAREIL PHOTO, marque PENTAX MX 24X36 + flash avec sac reporter noir. Sur offres. Téléphonez à (21) 85.14.67 (heures bureau)

Si vous disposez au minimum 100.000 F et un local pour agence en franchise libre sur Cannes ou Saint-Raphaël. Tél. 20.02.25.

Cède programme touristique, emplacement 1er ordre, investissement intéressant pour rapport exceptionnel. Cagnes, 07.16.11.

Solutions personnalisées pour entreprises en difficultés, soutien économique, étude de marchés, recherche de partenaires. Tél. (93) 69.16.69, Cannes.

A V. MAGNETOPHONE TEAC 3440 comme neuf, très beau, avec tuner TECHNICS STS 7. Valeur — 5.500F. Prix — 3.500F ou offres. Tél. (21) 27.11.24

Protégez-vous du bruit et du froid, recouvrez vos terrasses, fermez vos loggias et vérandas en coulissant aluminium anodisé vitré. Adressez-vous à des spécialistes. SERCOMETAL, vallon de l'Oli, 06340 La Trinité, 54.25.90.

... et pose rapide rideaux à lames, grilles à mailles, grilles extensibles, électrification, télécommande

Pour vous aider

à vendre	for sale
neuf	new
marque	make
un ordinateur	a computer
jamais utilisé	never used
un cadeau	a present
un tourne-disque	a record-player
un moyen de transport	a means of transport

Link-up

1 un vélo de course
2 un téléviseur
3 un ordinateur
4 un mini-vélo
5 un magnétophone
6 un appareil photo

Quelle petite annonce pour vous? Lisez

1 Vous cherchez un beau cadeau pour votre mère. Elle aime beaucoup la musique et elle aime écouter la radio. Elle veut aussi enregistrer de la musique. Elle a un vieux tourne-disque, mais elle voudrait quelque chose de mieux.

Quelle petite annonce pour vous?

2 Vous allez partir en vacances et vous êtes fanatique de la télé. Vous ne pouvez pas passer les vacances sans télé. Vous voulez acheter un petit poste.

Quelle petite annonce pour vous?

3 Vous habitez à la campagne, et vous cherchez un bon moyen de transport. Vous voulez aller vite, et vous êtes assez riche. Vous roulez beaucoup à vélo.

Quelle petite annonce pour vous?

4 Vous cherchez quelque chose pour vos vacances, facile à porter, à utiliser jour et nuit, pour des souvenirs et des images de qualité . . .

Quelle petite annonce pour vous?

5 Vous cherchez un moyen de transport. Mais vous habitez une grande ville et vous roulez quelquefois en voiture. Vous aimez faire un peu d'exercice et vous n'avez pas beaucoup d'argent.

Quelle petite annonce pour vous?

6 Vous cherchez quelque chose pour vous aider dans votre travail. Vous travaillez beaucoup chez vous. Vous aimez composer de la musique électronique, et vous avez beaucoup d'argent.

Quelle petite annonce pour vous?

ITES ANNONCES PETITES ANNONCES PETITES ANNONCES

PETITES ANNONCES

AUTOS

VEND CAUSE DEPART SIMCA HORIZON clim. t.b.é. prix 700.000 fcfa à débattre tél 37.06.66 poste 271
FM/MER

VDS CAMION UNIC P 220 AVEC Grue Hiab 950 TBE prix à débattre tél. 35.52.25
JEU 21751

DIVERS

A VENDRE ORDINATEUR IBM 34
256 K - 128 mo
libre fin Avril 1984
Tél. : 32.17.49

CSE DEPART VEND TL COULEUR tél h bureau 35.92.94
MER 19900

ANIMAUX

RESTE A VENDRE 1 CHIOT BERGER allemand 2 mois 1/2 vacciné tél. 35.41.62
JEU 21732

BATEAUX

A VEND BATX SEA RAY 7 M 228 ch avec Radio prix int. T. 32.32.99/ 32.51.28
FM/JEU

VENDS 1 VOILIER 21 PIEDS ET 1 dériveur prix intéressant tél. h bureau vitti 35.26.48
JEU 21758

PROPOSITIONS COMMERCIALES

MAGASIN RESTAU A CEDE FOND de commerce 6.000.000 frs. Tél 41.48.65
FM/MER

A VENDRE VOILIER HABITABLE 7M tél: 32.28.30
FM/MER

COURS

ATELIER DE PEINTURE SUR SOIE cours d'initiatiion stages de nouvelles techniques 44.34.02
MER 19892

PERDUS

PERDU PERROQUET REPOND au nom de Coco Bonnet donne récompense pour renseignements 01 BP 2955 tél 45.37.65
MER 19896

PERDU PETITE CHIENNE TECKELLE noire 12 ans Tatouée Vanessa récompense tél hb: 32.87.49
MAR 19886

MOTOS

VENDS MOTO KAWASAKI 250 ltd custom TBE 18.000 kms T. 35.82.64/35.49.75 prix intéressant
JEU 21754

DEMANDES DE LOCATION

PARTICULIER CHERCHE VILLA Cocody 2 Plateaux Indénié 5 chambres grand jardin agréable prix intéressant téléphoner heure repas 41.43.32 agences s'abstenir
MER 21722

OFFRES DE LOCATION

ZONE 4
STUDIOS MEUBLES 130.000 APPARTEMENTS MEUBLES 150.000
*Réfrigérateur
*Téléviseur
*Climatiseur
*Electricité comprise
*Location directe par propriétaire sans commissions
Tél. 35.28.13 - 35.49.94

A LOUER APAPRTEMENT F2 dans résidence à Cocody avec tennis et piscine tél. Bur: 37.06.66 P. 255 - Domicile: 44.58.20
FM/JEU

STE LOUE 2 PLTX VILLA 4 CHAMBRES reprise meubles souhaite tél. 35.05.26
JEU 21702

ZONE 2 B STUDIO 70.000, 2 PIECES 80.000 4 PIECES 135.000 32.76.43
MER 1002

A LOUER DANS RÉSIDENCE Gd STANDING A BIÉTRI
CLIM.
MEUBLÉ OU VIDE
DIR. DU PROPR.
APPART 2 PIECES ET STUDIOS
Tél : 35.52.40/35.28.10

ACHATS

PART ACH AP VIL ABJ 7M CASH 32.40.58/32.85.58 PT 525/548
MAR 19871

VENTES

«A VENDRE PRES NICE AFFAIRE Tabac-Maroquinerie-Cadeaux emplacement 1er ordre, C.A. important-agence Triam-879, Av. de Gaulle 06700 St Laurent Du Var (France)».
MAR 8941

FRANCE SUD OUEST LANDES entre Dax et Mont de Marsan, 40 km océan environnement forêt non isolé. Maison de campagne bon état général. eau électricité. intérieur à moderniser eau électricité. intérieur à moderniser cheminée poutres apparentes r. de ch. 5 p étage 3 chers + gren s/terr 4 150 m2 px 200.000 F A.V.M. Sarbazan 40120 Roquefoert (16-58) 45.61.44 ou 45.60.78
JEU 9241

TERRAIN ZONE 4C 2000 M2 PRIX interes cse dép tél 35.80.13
MER 21724

étranger
Allemagne de l'Ouest

Marches pour la paix

Des milliers de pacifistes ouest-allemands ont commencé hier des marches pour la paix. Ils ont l'intention de traverser tout le territoire de la RFA. Les marches se terminent le lundi de Pâques par de grandes réunions publiques. Des membres du parti social-démocrate vont y participer. Les pacifistes continuent de protester contre le déploiement de nouvelles fusées nucléaires américaines en RFA.

Can you tell . . .

1. how many people marched?
2. at what time of year?
3. what area they intended to cover?
4. which political party will take part?
5. the reason for the marches?

Trouvez puis écrivez les phrases pour . . .

1. marches for peace
2. thousands of pacifists
3. Easter Monday
4. large public meetings
5. the deployment of new American nuclear missiles

Copiez en complétant ce résumé:

Beaucoup de pacifistes ouest-allemands ont décidé de marcher pour _____. Ils vont traverser tout _____. Ils vont terminer par de _____. Ils protestent _____ le déploiement de nouvelles fusées nucléaires en RFA.

Pour vous aider

des milliers	thousands
la paix	peace
la RFA	West Germany (la République Fédérale d'Allemagne)
les fusées	rockets
une fausse alerte	a false alarm
un ordinateur	a computer
a prédit	predicted
a eu lieu	took place
il y a eu	there was
des bombardiers	bombers
basés	based
en état	in a state

Deux fausses alertes nucléaires

Pour la deuxième fois en quatre jours un ordinateur a fait des erreurs!

C'est un ordinateur du système de défense anti-nucléaire américain! Deux fois l'ordinateur a prédit une attaque soviétique!

Le premier incident a eu lieu mardi dernier; vendredi il y a eu un incident similaire. Le Pentagone a déterminé avec certitude que c'était une erreur d'ordinateur.

510 bombardiers B-52 et FB-111 et 1.054 missiles balistiques inter-continentaux basés aux Etats-Unis sont en état d'alerte permanente.

Can you tell . . .

1. how many times the computer made a mistake?
2. in how many days?
3. what the computer predicted?
4. when the first error was?
5. when the second error was?
6. who confirmed that it was a computer error?

Why do you think a computer error might be dangerous?

Trouvez puis écrivez les phrases pour . . .

1. for the second time in four days
2. there was a similar incident
3. a computer error
4. on permanent alert

9 MILLIONS D'HABITANTS DE MICHIGAN CONTAMINES PAR UN POISON CANCERIGENE

(a révélé un nouveau reportage du journal *American Medical Association*)

A peu près toute la population de l'Etat de Michigan (9,2 millions) a été contaminée en 1973 par un produit chimique. On a mis le produit par erreur dans de la nourriture pour animaux de ferme.

En été 1973, près d'une tonne de ce poison a été substituée par erreur à un produit vitaminé pour enrichir la nourriture des animaux. Après neuf mois, les animaux ont manifesté des troubles.

Par une réaction en chaîne, ce poison a été transmis dans le lait, le fromage, le beurre et la viande . . . et ensuite mangé et bu par la population.

Deux firmes (Michigan Chemical Co et Farm Bureau Services) ont reconnu l'erreur et ont admis leur responsabilité. Elles ont payé 4.000 dollars chacune. 1,5 million de poulets et 30.000 bovins ont été tués à cause de cette erreur.

Can you tell . . .

1 what the poison was accidentally put into?
2 how long it was before the animals started showing signs of illness?
3 how the poison was transmitted to humans?
4 whether anyone has admitted liability?
5 how much the fine was?

Do you think the fine was high enough?

Vrai ou faux?
Lisez, puis répondez par *vrai* ou *faux*.

1 Un ordinateur britannique a fait deux erreurs.
2 L'ordinateur a prédit deux attaques soviétiques.
3 Le premier incident a eu lieu jeudi dernier.
4 Le deuxième incident a eu lieu vendredi dernier.
5 1.054 missiles balistiques sont basés en Irlande.
6 Les missiles américains ne sont pas en état d'alerte tout le temps.

Corrigez les erreurs dans l'exercice F.

I

Copiez en complétant ce résumé:

Deux firmes américaines ont admis la _____ d'avoir contaminé 9 millions d'habitants de l'Etat de _______. Elles ont _____ 4.000 dollars. On a substitué par erreur du _____ à un produit vitaminé et on l'a _____ dans la nourriture destinée aux _____ de _____. Ensuite, la population a mangé et a bu le _____, le _____, le _____, et la _____ venant de ces _____ contaminés.

METEO

Regardez cette petite carte de la France. Cela peut vous aider quand vous entendez la météo.

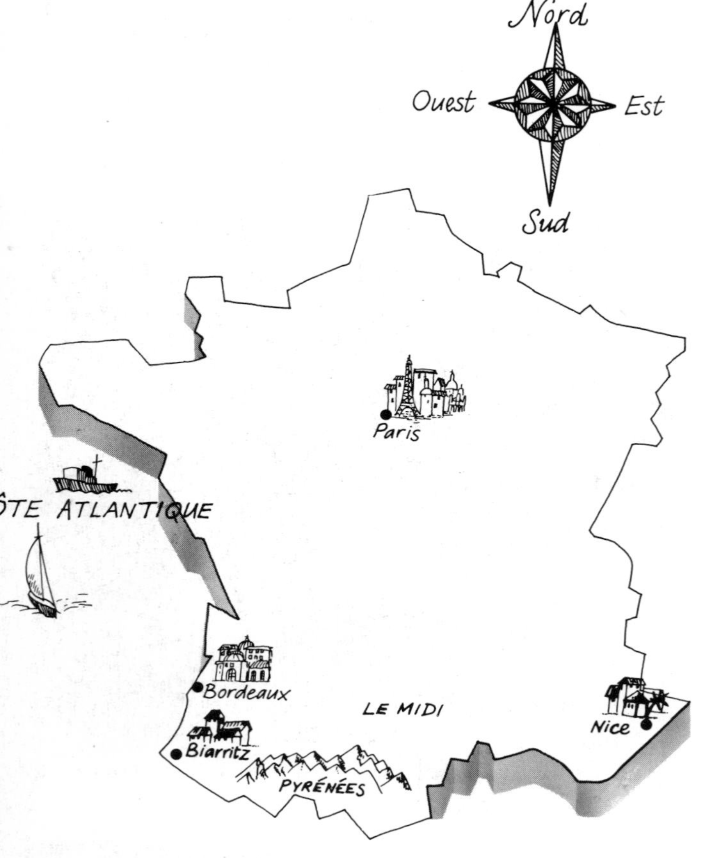

ensoleillé	nuageux	pluie	vent

B **Regardez la légende, puis écoutez la météo. Répondez en anglais:**
Quel temps fait-il . . .

1 dans le nord de la France?
2 sur la côte Atlantique?
3 sur les Pyrénées?
4 dans le Midi?

Quelles sont les températures . . .

5 à Paris?
6 à Bordeaux?
7 à Biarritz?
8 à Nice?

Ecoutez, puis écrivez les mots qui manquent. Choisissez dans cette liste:

beaucoup de vent	temps nuageux	temps ensoleillé
pluies locales		

1 Partout dans le nord de la France _____.
2 A l'ouest sur la côte Atlantique _____.
3 Sur les Pyrénées temps instable. _____ durant la majeure partie de la matinée.
4 Dans le Midi _____.

Lisez

METEO

Soleil: lever 6 h 56; coucher 21 h 18

Mercredi: temps souvent très nuageux ou couvert avec quelques petites pluies le matin et le soir. Vents d'ouest à nord-ouest. Températures assez fraîches: minimales 14 à 16 degrés maximales 19 à 22 degrés

Jeudi: Bien ensoleillé le matin mais apparition de nuages en fin de journée.

Pêche et Navigation: Temps nuageux. Brume intermittente sur les côtes. Vents d'ouest à nord-ouest. 5 à 15 noeuds. Mer agitée.

1 Looking at Wednesday's weather forecast, would you go out with:
a pair of sunglasses?
an umbrella?
a lightweight jacket?

2 You are planning a walk in the countryside on Wednesday or Thursday. When would be the best time to go? State morning or afternoon.

3 What warnings are given here for sailors?

PAGE DE PUBLICITES

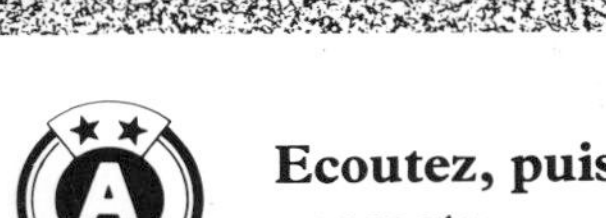

Ecoutez, puis choisissez la phrase correcte.

STARTREK 2
actuellement sur vos écrans
grand spectacle
effets spéciaux
émotions fortes

1 This film:
  a will be shown next month
  b is on at the moment
  c is coming shortly

La TUNISIE
soleil beauté espace
Découvrir la TUNISIE
mer transparente et bleue
le coeur de la Méditerranée

2 This advert is about:
  a winter holidays in Tunisia
  b summer holidays in Tunisia
  c spring holidays in Tunisia

MARCY
grand jeu gratuit
vacances au Portugal
magnétoscopes à gagner
jusqu'au 25 novembre

3 The prizes on offer in this free quiz are:
  a 10 flights to Portugal and 20 videorecorders
  b 15 flights to Portugal and 30 videorecorders
  c 20 flights to Portugal and 40 videorecorders

VIDEO 2000
L'Empire Contre-attaque
French Connection
La Guerre des Etoiles
Mash
Emmanuelle
Midnight Express
Plus de 1400 grands films à voir sur votre magnétoscope

Ecoutez la publicité et regardez les images.
Il y a des erreurs de chiffres sur les dessins. Quelles sont les erreurs?
(Il y a cinq erreurs)

KODAK
nouveau
superbe
supercouleur
appareil photo instantané
toujours prêt pour le flash
KODAK à 450F

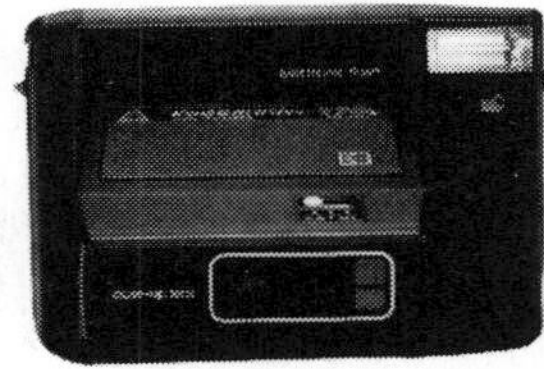

STEREO RIMEX
Pratique, léger
Vous capterez les stations
FM Radios libres France-Inter
France-Musique
Offre exceptionnelle 150F
Branchement spécial pour deux personnes
Jusqu'au 21 novembre

SPOOKY ULTRASONIC
Changer de chaîne
Programmeur à distance
Sans fil sans piles
On peut changer de chaîne sans quitter son fauteuil
pour seulement 100F
*Boutiques **SPOOKY***
Il y en a une près de chez vous

INFOS|FIN

2 STEP BY STEP

DANY LEPAGE, DISPARU EN ANGLETERRE

Un garçon de 15 ans a disparu à Douvres

Hier matin, Dany Lepage et son amie, Claire Bougard, ont pris le bateau pour Douvres — mais Claire est revenue seule hier soir.

Ecoutez le reportage à la radio, en regardant les images. Jean Lapointe, reporter à Boulogne, parle avec une copine de Dany, Claire Bougard.

6.00 Dany a quitté son appartement.

6.30 Il a acheté son billet.

7.00 Il a rencontré Claire et ils ont causé.

10.00 Claire et Dany ont fait une promenade à Douvres.

12.30 Ils ont mangé sur la plage.

1.00 Dany a quitté Claire pour faire des achats.

4.00 Claire a regagné le bateau.

6.00 Claire n'a pas retrouvé Dany. Elle a demandé de l'aide à une agent.

Ecoutez l'agent qui a cherché Dany à Douvres. Elle a fait trois listes:

Ce que Dany a fait seul

6.00 - Dany a quitté son appartement
6.05 - Il a pris l'autobus
6.30 - Il a acheté son billet
7.00 - Il a rencontré Claire
1.00 - Il a quitté Claire

Ce que Claire et Dany ont fait ensemble

7.00 - Ils ont causé devant le guichet
7.30 - Ils ont traversé la Manche
10.00 - Ils ont fait une promenade à Douvres
12.30 - Ils ont mangé sur la plage

Ce que Claire a fait seule

7.00 - Elle a rencontré Dany devant un café à Paris
1.00 - Elle a quitté Dany devant Marks et Spencer
1.30 - Elle a visité le bateau
4.00 - Elle a regagné le bateau
5.00 - Elle a trouvé Dany sur le quai
6.00 - Elle m'a demandé de l'aide

Mais il y a trois erreurs dans les listes! Trouvez les erreurs et corrigez-les. Ecoutez.

Pour vous aider

disparu	disappeared
seul	alone
seule	
ensemble	together
ils ont causé	they chatted
la Manche	the Channel
ils ont fait une promenade	they went for a walk
elle a regagné	she got back to

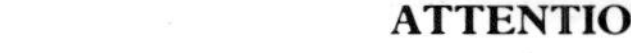

!

une personne
il / elle **a** quitté

plusieurs personnes
ils / elles **ont** quitté

ATTENTION!

TALKBACK
Demandez ce que Dany et Claire ont fait aux heures suivantes:

Dany et Claire, qu'est-ce qu'ils ont fait . . .
à 7 heures? à 7 h 30? à 10 h? à 12 h 30?

Dany, qu'est-ce qu'il a fait . . .
à 6 h? à 6 h 30? à 7 h? à 1 h?

Claire, qu'est-ce qu'elle a fait . . .
à 7 h? à 1 h? à 5 h? à 6 h?

Répondez aux questions, puis changez de rôle.

TALKBACK
Prenez le rôle de l'agent.
Demandez à Claire ce qu'elle a fait aux heures suivantes:

Puis changez de rôle

Aujourd'hui à Boulogne et aussi à Douvres en Angleterre, on a recherché un ______, âgé de ______ ans. Dany Lepage a disparu _____ _____ à Douvres. Il a _____ le bateau *Sealink* _____ _____ pour passer une journée à Douvres. Mais il n'a pas pris le ______ du retour. On croit qu'il est ________ en __________, mais on ne l'a pas ________. Personne ne l'a vu. Si nous recevons des nouvelles de Dany, nous vous les transmettrons dans les prochains __________ de ______ ___.

Ecoutez. Ecrivez les mots qui manquent, puis complétez ce reportage de Jean Lapointe.

Ecrivez ce reportage dans le bon ordre. Claire a dit:

Vers midi et demi, nous avons mangé des «fish and chips».

Nous avons débarqué ensemble à Douvres.

Tout d'abord hier matin, j'ai rencontré Dany devant le guichet de la gare maritime.

Et moi, j'ai visité le château.

Après le déjeuner, Dany a fait des achats.

Malheureusement, c'est la dernière fois que je l'ai vu.

Puis, nous avons pris le bateau.

Nous avons causé un bon quart d'heure

J'ai attendu deux heures sur le quai à Douvres, mais sans succès.

G

Et Claire? Qu'est-ce qu'elle a fait hier matin *avant* de prendre le bateau à Boulogne?

Composez et écrivez . . .

4 phrases affirmatives

exemple: A six heures et demie, elle a pris l'autobus pour aller au port.

4 phrases négatives

exemple: A six heures, elle n'a pas rencontré Dany dans un café.

A six heures	elle a	pris l'autobus	dans un café
A six heures cinq	elle n'a pas	quitté la maison	à la gare
A six heures et demie		acheté un billet	au guichet
A sept heures		pris le train	pour aller au port
		mangé	
		rencontré Dany	
		fait une promenade	

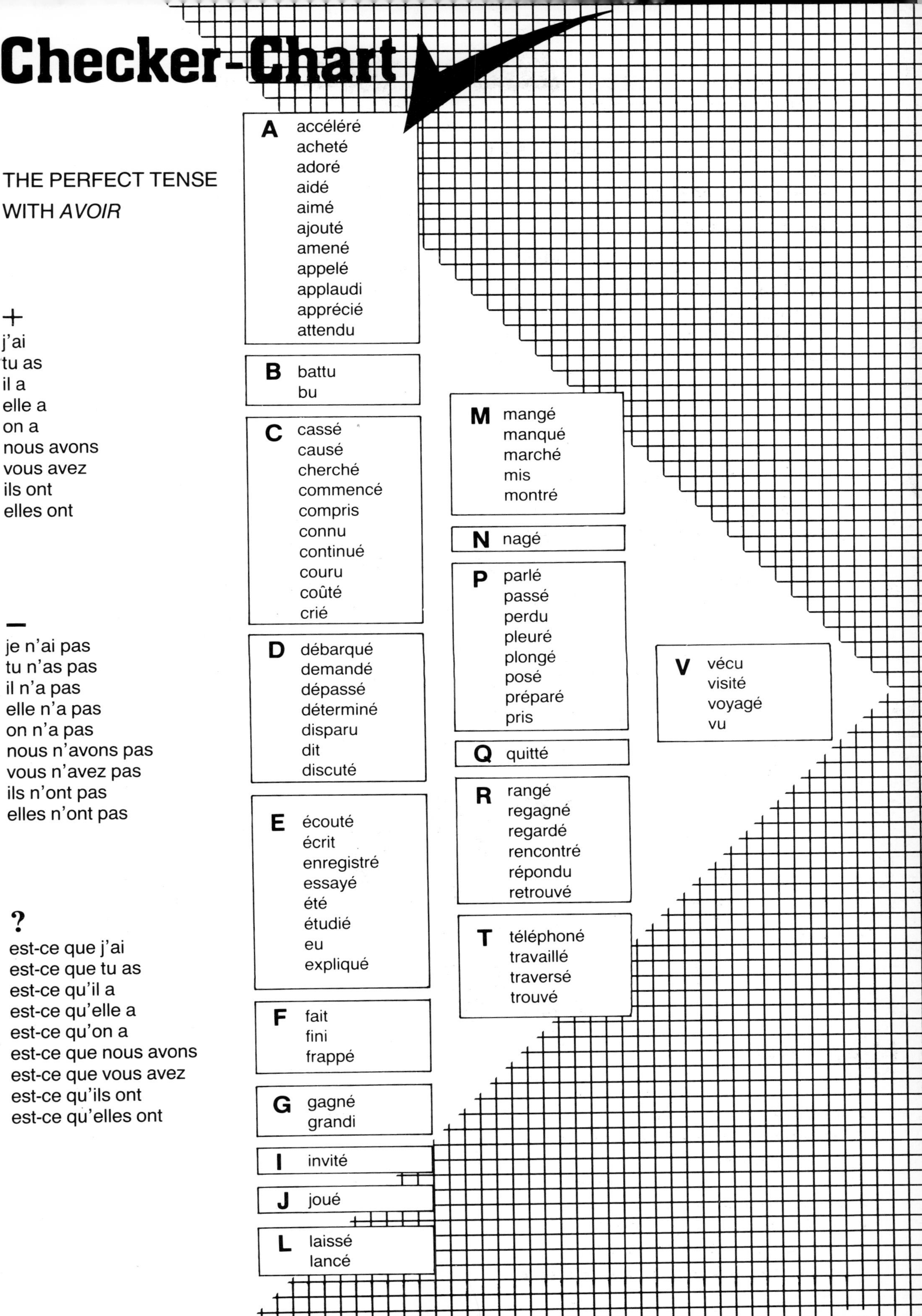

Checker-Chart

THE PERFECT TENSE
WITH *AVOIR*

\+
j'ai
tu as
il a
elle a
on a
nous avons
vous avez
ils ont
elles ont

–
je n'ai pas
tu n'as pas
il n'a pas
elle n'a pas
on n'a pas
nous n'avons pas
vous n'avez pas
ils n'ont pas
elles n'ont pas

?
est-ce que j'ai
est-ce que tu as
est-ce qu'il a
est-ce qu'elle a
est-ce qu'on a
est-ce que nous avons
est-ce que vous avez
est-ce qu'ils ont
est-ce qu'elles ont

A accéléré, acheté, adoré, aidé, aimé, ajouté, amené, appelé, applaudi, apprécié, attendu

B battu, bu

C cassé, causé, cherché, commencé, compris, connu, continué, couru, coûté, crié

D débarqué, demandé, dépassé, déterminé, disparu, dit, discuté

E écouté, écrit, enregistré, essayé, été, étudié, eu, expliqué

F fait, fini, frappé

G gagné, grandi

I invité

J joué

L laissé, lancé

M mangé, manqué, marché, mis, montré

N nagé

P parlé, passé, perdu, pleuré, plongé, posé, préparé, pris

Q quitté

R rangé, regagné, regardé, rencontré, répondu, retrouvé

T téléphoné, travaillé, traversé, trouvé

V vécu, visité, voyagé, vu

LA RADIO HEURE PAR HEURE

RADIO POCHE

SAMEDI 9 JUIN

0.05 FR.I Feed-back
0.30 EU.1 Rock à l'œil
1.00 FR:I Tempo
2.00 EU.1 Jacky Gallois
FR.I Très star dans la nuit
3.00 FR.I Si on comptait les moutons ensemble
5.00 FR.I Matins qui chantent
EU.1 Viviane
RM.C Frédéric Gérard
5.30 RT.L Maurice Favières
7.00 RM.C Journal
FR.M Avis de recherche : Bach, Falla, Martinu, Wagner, Boellmann, Duke Ellington
FR.C Les parlers régionaux : le picard (3)
7.30 RM.C RM. Matin
EU.1 André Dumas et Viviane
8.00 EU.1 Infos, chroniques
RM.C Infos, revue de presse
FR.C Les chemins de la connaissance
RT.L Journal non-stop
8.30 FR.C 84... 2000, comprendre aujourd'hui
8.35 RM.C Les plus belles chansons du monde
9.05 FR.C Le monde contemporain
9.10 RT.L Stop ou encore
FR.I Quotidien pluriel
FR.M Carnet de notes
9.15 EU.1 Studio 1 - Samedi
10.00 FR.I Les oubliés de la une
10.30 FR.C Démarches
10.50 FR.C Libre - Parcours - Jazz J.F. Canape et son quartette
11.00 RM.C Le million
FR.1 Trajectoires
FR.M « L'enlèvement au sérail » de Mozart
11.30 EU.1 La grande corbeille
FR.C La mat...

14.00 RT.L RT.L Cinéma
FR.M Le temps du jazz : « Jazz s'il vous plaît » et Andy Emler quintet
FR.I Les copains d'abord
FR.C Giordano Bruno, cosmonaute de la pensée
14.30 RM.C New York, New York
15.00 FR.I Kriss Graffiti
FR.M Désaccord parfait : le groupe des Six
16.00 RM.C Entre les lignes et les signes
16.30 RT.L Florilège des grosses têtes
17.00 FR.I Actions
RM.C Radio Music Circus
FR.M Concert : Milhaud, Honegger, Poulenc
18.00 FR.I Stars jazz : le Blues Band de B.B. King. Chicago Blues Festival.
RT.L Journal
FR.M Les cinglés du music-hall
19.00 FR.I Le journal
EU.1 Europe soir
FR.M Musique traditionnelle
19.15 RM.C Wa doo wap
19.20 FR.C Emballage perdu » de Vera Feyder
19.30 EU.1 Kids
20.00 FR.I La tribune de l'Histoire - Danton
20.30 FR.M Concert : Lynn Harrell, violoncelle, Michel Béroff, piano
21.00 FR.I La musique est à vous : Diaghilev le magnifique
RM.C Hit-parade des clubs
21.50 FR.C Libre parcours, jazz : Trio T.O.K. (Takashi Kako, piano, Kent Carter, contrebasse, Olivier Johnson, percussions)
22.10 RT.L Live
22.20 FR.I Les tréteaux de la nuit : « Intermezzo » de Martin Ferr...

FR.I Inter-danse
2.00 EU.1 Jacky Gallois
5.00 FR.I Matins qui chantent
EU.1 Germaine Villard, Robert Willar
RM.C Frédéric Gérard
7.00 FR.M Concert promenade (Musique viennoise et musique légère). Ziehrer, Mozart, Kupkovic, Rossini, Czerny, Schmidt, Ischpolt, J. Strauss (fils)
RT.L Maurice Favières
FR.C Chasseurs de son
7.15 FR.C Horizon
7.30 EU.1 André Dumas
FR.C La fenêtre ouverte
RM.C RM.C matin
RT.L Journal non-stop
8.00 FR.C Foi et tradition par Gérard Stephanesco
FR.M Cantate BWV 68 de J.-S. Bach
8.15 RM.C Eglise d'aujourd'hui
8.25 FR.C Foi et tradition
8.25 EU.1 Michel Platini et tiercé
RM.C Les plus belles chansons
8.30 FR.C Emissions portestantes
8.45 EU.1 Alain Duhamel - Jean-François Kahn
9.10 FR.M Intégrales : la musique de chambre d'Albert Roussel (Roussel, Ravel, Milhaud, Caplet)
FR.C Ecoute Israël par Victor Malka
EU.1 Atout disque
RT.L Stop ou encore
9.30 FR.I L'oreille en coin
9.40 FR.C La libre pensée française
10.00 FR.C Messe
11.00 FR.C La radio sur la place : à Nîmes
11.30 EU.1 Michel Lagueyrie
12.00 FR.I Tabous
RM.C Hi...

Et en plus, il y a beaucoup de radios libres et de stations régionales.

Vous pouvez écouter la radio française depuis la Grande Bretagne.
Trouvez les stations de chez vous.

(A) Lisez

Le thème d'aujourd'hui:
Votre opinion sur la télé

STUDIO 16
DROIT DE REPONSE
PATRICE LAFFONT

Droit de réponse

STUDIO 16
Patrice Laffont
Droit de réponse

Ecoutez les opinions de trois jeunes auditeurs.

Jeannine
- habite Nantes
- 16 ans
- émissions très tard le soir
- va à l'école
- les films finissent à 20 h
- me coucher avant la fin
- diffuser films avant 20 h

Serge
- habite Rouen
- 15 ans
- disputes à la maison
- match de football, western, documentaire à la télé en même temps
- les chaînes doivent se consulter

Dominique
- habite Paris
- 17 ans
- 5e chaîne CANAL PLUS pas différente des autres chaînes
- en France, il y a trois chaînes toutes médiocres

Ecoutez encore une fois puis regardez les notes de Patrice. Mais il a fait des erreurs. Corrigez-les.

Write a summary in English, indicating the main points raised by the three callers.

courrier

OPINIONS OPINIONS

Nos lecteurs écrivent

Horreur dans l'après-midi

J'ai seize ans et j'ai vu samedi après-midi un film de crime et d'horreur.

Je pense que la télévision n'a pas le droit de montrer des films d'horreur quand beaucoup d'enfants restent seuls à la maison le samedi après-midi quand leurs parents travaillent ou font les courses.

Si les adultes apprécient ce genre de film, pourquoi ne les programmez-vous pas le dimanche à onze heures du soir?

Virginie, LYON

Un grand merci

Je voudrais dire un grand merci à l'émission *Mosaïque* qui permet aux immigrés qui habitent en France de rester en contact avec leur pays d'origine.

Je pense qu'ils aiment beaucoup entendre ou voir des informations présentées dans leur langue maternelle. L'émission est très intéressante car elle montre aux Français les traditions des pays étrangers.

J'espère que cette excellente émission va durer très longtemps et que beaucoup de Français vont la regarder pour comprendre d'autres peuples et les respecter.

Yves-Martin Boulga, BORDEAUX

Sexiste

Je trouve que la publicité à la télé est très sexiste. C'est scandaleux de voir une femme à moitié nue pour la publicité d'une voiture ou d'une machine à laver. Cela donne une mauvaise image de la femme à beaucoup de jeunes gens qui regardent la télévision.

Christian Bellerose, DIEPPE

Cruauté et sadisme

Un grand bravo à TF1 et à Jacques Cousteau pour *Du sang chaud dans la mer* qui était passionnant. De très belles images, mais j'étais scandalisée au spectacle du massacre des dauphins et de la cruauté et du sadisme des hommes qui ont traité ces animaux.

Brigitte Morelle, PARIS

Voici un résumé en anglais de chaque lettre.
A quelle lettre correspond chaque résumé?

1 a documentary filmed under the sea
2 views on advertising on TV
3 views on showing violent films in the afternoons
4 a documentary about other countries and customs

Pour vous aider

n'a pas le droit	has no right
font les courses	go shopping
ce genre de film	this type of film
à moitié nue	half naked
passionnant	exciting
une émission	a programme
des pays étrangers	foreign countries

Je trouve que la publicité à la télé est très sexiste. C'est scandaleux de voir une femme à moitié nue pour la publicité d'une voiture ou d'une machine à laver. Cela donne une mauvaise image de la femme à beaucoup de jeunes gens qui regardent la télévision.

Christian Bellenose, DIEPPE

75005 PARIS
le 20 juin.

Un grand bravo à TF1 et à Jacques Cousteau pour "Du sang chaud dans la mer" qui était passionnant. De très belles images, mais j'étais scandalisée au spectacle du massacre des dauphins et de la cruauté et du sadisme des hommes qui ont traité ces animaux.

Brigitte Morel

Je voud... l'émission ... immigré... rester ... d'orig...

Lyon
le 19 juin

J'ai seize ans et j'ai vu samedi après-midi un film de crime et d'horreur.

Je pense que la télévision n'a pas le droit de montrer des films d'horreur quand beaucoup d'enfants restent seuls à la maison le samedi après-midi quand leurs parents travaillent ou font les courses.

Si les adultes apprécient ce genre de film, pourquoi ne les programmez-vous pas le dimanche à onze heures du soir?

Virginie

Encore des résumés en anglais de chaque lettre. Cette fois ils sont plus longs et il y a quatre erreurs. Trouvez les erreurs.

Horreur dans l'après-midi

Horror films should not be shown on a Saturday afternoon when children are often in on their own. Why not show these films late on a Saturday evening?

Sexiste

Radio adverts are very sexist. Such advertising gives women a poor image.

Cruauté et sadisme

The film *Du sang chaud dans la mer* was really exciting. It was amazing to see how cruel dolphins are to man.

Un grand merci

Mosaïque is a good programme. It is intended for people who live in other countries and who want to keep in touch with France. It also encourages French people to understand and respect people from other countries.

TALKBACK

Que pensez-vous des opinions contenues dans ces lettres?

Discutez de ces opinions avec des amis.

Ecrivez une lettre sur un programme que vous avez regardé à la télé.

On va vous aider . . .

Date

Madame/Monsieur

Hier soir/Samedi soir/La semaine dernière, j'ai regardé *(quel programme?)* à la télévision. En principe, je ne m'intéresse pas du tout à ce genre de programme *mais j'ai apprécié/et je n'ai pas apprécié* ce programme, qui était *ridicule/stupide/sexiste/raciste/excellent/amusant/intéressant/informé* et qui m'a beaucoup *intéressé/touché/irrité/choqué.*

J'espère que la télévision *va nous présenter/ne va pas nous présenter* d'autres *films/documentaires/programmes/séries* de ce genre. J'espère aussi que beaucoup *de jeunes/d'enfants/d'adultes* sont d'accord.

Nom, âge, adresse

LE FRANÇAI

INTERVIEW AVEC FREDERIC GRAH-MEL

Frédéric Grah-Mel vient de la Côte d'Ivoire en Afrique. Il travaille au service français de la BBC à Londres.

Ecoutez Frédéric. Au STUDIO 16, il nous parle . . .

- de son nom
- de son travail en Afrique
- de son emploi à la BBC
- des émissions du service français de la BBC

Ecoutez encore une fois et complétez ces phrases en anglais.

1 Frédéric Grah-Mel explains that if a boy's name ends in Mel, it means that he is the ______ son of the family.

2 Some of the world service's programmes in French are intended for Europe, and others are for French-speaking countries in ______.

3 Frédéric says that it's very important for African listeners to have another version of the news because in Africa, news bulletins are often controlled by the ______.

4 Tuesday's ______ programme is so popular that people write and even phone from Africa to get more information.

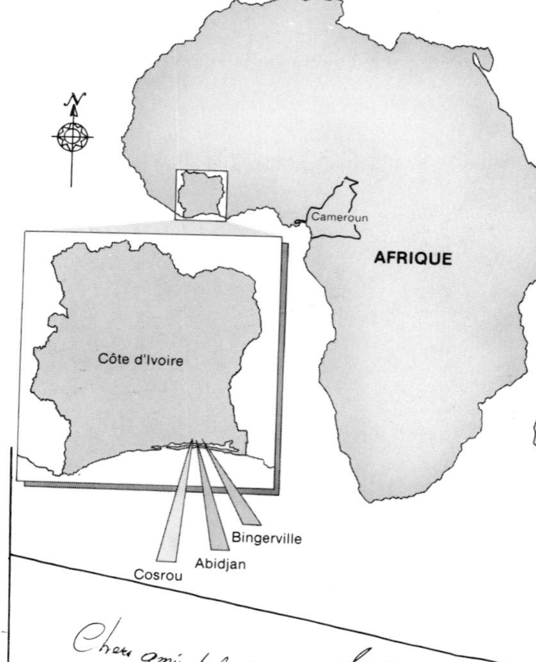

REPUBLIQUE DU MALI

GAO

Service français de la BBC, Bush house,
Londres WC2B 4PH
Angleterre

Chers amis de la BBC, le 12 Juin 1985

Je vous avais écrit la dernière fois
...ération, des extrémismes au Proche Orient, où la loi de
...elle qui marche avec les enlèvements et coups de filet
des groupuscules impossibles à raisonner.
...me genre pour dire mon point de vue sur l'information
...-ci, de l'attaque d'un village du Niger par des Touareg
conséquence : le Niger chasse tous les Touareg maliens de son t...
Cette action, si elle a eu lieu ...
nos Etats sud-sahariens ...
de dével...

LA PENSEE DU JOUR
«Le vrai bonheur, on ne l'apprécie que lorsque on l'a perdu. Faisons en sorte que nous n'ayons jamais à le perdre, mais au contraire à l'accroître, sans cesse par le travail dans la discipline, dans la solidarité et la fraternité».
Félix Houphouet-Boigny

fraternité matin
LE GRAND QUOTIDIEN IVOIRIEN D'INFORMATION

20e Année, N° 5700
100F
Sénégal: 200F
France: 3,50 F F.

LA PREMIÈRE DAME
SECOURS DES
VŒUX AU
ET SES QUARTIERS
FAITS DIVERS
Il était manœuvre
quincaillerie à Yo
avaux ont pri
EN
TRE SERVICE
AFRIQUE ET M
ABIDJAN ET SES QUAR
SPORTS
BASKET-BALL
Côte d'Ivoire-CEE

Pour vous aider

le service français	the French service
mon éthnie	my ethnic group
les aînés	
les aînées	the eldest
formation de journaliste	journalist's training
l'unique quotidien	the only daily newspaper
l'Afrique francophone	French-speaking Africa
nous diffusons	we broadcast
des organes gouvernementaux	government-controlled media
les auditeurs	listeners
un programme spécial d'animation	a special 'features' programme
en moyenne	on average
un millier de lettres	about a thousand letters

Le service français de la BBC

NOS PROGRAMMES

Londres-matin

4.30–4.45
Informations. Revue de la presse britannique.

5.15
L'anglais par la radio.

5.30
Informations. Revue de la presse britannique.

6.30
Informations. Revue de la presse britannique.

6.45
L'anglais par la radio.

Londres-midi

12.00
L'anglais par la radio.

12.15
Informations, Journal parlé –

dimanche:	7 Jours du monde.
lundi:	A la une cette semaine.
	*L'Angleterre d'aujourd'hui.
mardi:	La Vie du Sport.
mercredi:	Courrier des Auditeurs.
jeudi:	Le point sur. . .
vendredi:	Reflets africains.
samedi:	*Antenne Jeunes.
	*Contact DX.

Londres-soir

18.15
Informations, Journal parlé –

dimanche:	*Courrier des Auditeurs.
lundi:	Horizon An 2000.
mardi:	*La Vie du Sport
mercredi:	L'Afrique économique.
	Contact DX.
jeudi:	*Le point sur. . .
vendredi:	Antenne Jeunes.
samedi:	Afrique Hebdos.
	L'Angleterre d'aujourd'hui.

19.00
L'anglais par la radio.

**Ces émissions sont diffusées en seconde audition.*

UNE NOUVELLE EMISSION: LONDRES-DERNIERE

21.15–21.45
Informations internationales. Nouvelles d'Afrique et du monde arabe. "En ligne de . . ." avec les correspondants de la BBC.

Des élèves de

Le Françai

Un groupe d'élèves de Saint-Flour a visité Londres.
STUDIO 16 a interviewé les élèves.

Ecoutez leurs réponses aux questions:

La télé

Combien de fois par semaine est-ce que vous regardez la télé?
Quelles sortes de programmes regardez-vous à la télé?
Quelle chaîne de télévision préférez-vous? Pourquoi?
Est-ce que vous pensez que la télévision a une mauvaise influence sur les enfants?
Qu'est-ce que vous pensez de la télévision?
Que pensez-vous de la télévision anglaise?
Vous aimez la télévision en général?

La radio

Quand écoutez-vous la radio en général?
Quelles sortes de programmes préférez-vous écouter à la radio?
Quelle station de radio préférez-vous?

Pour vous aider

nombreux / **nombreuses**	lots of
des chansons	songs
des chanteurs	singers
des paroles	words
coupé	cut, interrupted
les nouvelles	news
des blagues	jokes

B **TALKBACK**

Et vous?

Interviewez **un ami** / **une amie**

Combien de fois . . . ?

Quelles sortes de programmes . . . ?

Enregistrez les réponses, si possible

Changez de rôle

LISTENING TEST

Read through the questions and write down the numbers for your answers.

Now listen to the test. It is the last item recorded on the Programme 1 cassette. Stop the tape after each section and replay it if necessary.

Replay the whole test for a final check.

METEO

A **Listen to the weather forecast and complete in English. Listen several times if necessary.**

	weather
1 le sud	
2 les Pyrénées	
3 la Bretagne	
4 le nord	

	temperature
5 Marseille	
6 Bayonne	
7 Brest	
8 Calais	

B **Listen to this sports report.**

In which sports did these three athletes compete?
In which position did they finish?

COMPETITOR	SPORT	POSITION
Claude Lascaut	1	2
Bernard Monteil	3	4
Dominique Ferrer	5	6

INFOS

C **Listen to this news item.**
Answer the questions below in English.

1 What did the President do from his ranch in Santa Barbara?
2 How old is Bill Thornton?
3 Who is he?
4 It is an example of international co-operation with which country?

Interview

D **Listen to this interview and answer the questions in English.**

1 How old is the boy interviewed?
2 Does he have a television?
3 How often does he watch television?
4 Which programmes did he watch yesterday evening?
5 Which types of programmes does he enjoy watching?
6 What are his general views about television?

Go over the answers with your teacher. Ask about anything you found difficult.

READING TEST

A **Six of your friends are looking out for the following items:**

1 a man's racing bike
2 a small computer
3 a tape-recorder
4 a television with a large screen
5 a lady's bike
6 a black-and-white television

Which of these adverts would they be interested in?

a

A VENDRE
• vélo dame Raleigh Sport 3 vitesses, peu utilisé, 950F tél. 65.02.00 heures des repas

b

• télé noir et blanc 23cm. 1.000F tél. 71.70.65 après 18 h

c

• mini-ordinateur Ruf. 504 3 programmes, très bon état. Prix: 12.000F tél. 57.15.77 heures du bureau

d

• magnétophone K7 Stéréo Sony, 900F tél. 84.55.97 après 17 h

e

• vélo de course homme, 15 vitesses 980F neuf M. Cron, rue Gilbert, Lyon

f

• téléviseur couleur, Brandt neuf, peu utilisé, sous garantie, grand écran, 3.000F tél. 38.36.35 après 20 h

B **Here are some programmes on French television this weekend.**

VENDREDI 25 NOVEMBRE

21.40
Feuilleton

La vie de Louis Pasteur
Troisième épisode

20.35
Feuilleton

Thérèse Humbert
Deuxième épisode avec Simone Signoret

23.00
Ciné-Club

Le Dictateur
de Charlie Chaplin

20.35
Magazine d'informations

Vendredi
Rencontre avec Jacques Chaban-Delmas ancien ministre, maire de Bordeaux

22.50
Jazz

à Juan-les-Pins
Kenny Clarke et Alby Cullaz

Answer these questions about the programmes in English:

1 When is the nuclear debate shown?
2 On which channel?
3 and 4 There are two types of music programme on FR3 this weekend. What are they?
5 What is the phone-in programme about this weekend?
6 What is the title (in English) of the Agatha Christie film?
7 In which country is the French film set?
8 What episode of *Dallas* is on?
9 There is a documentary being shown. What is it about?
10 What time is the Charlie Chaplin film on?

SAMEDI 26 NOVEMBRE

20.35
Série américaine
Dallas Dernier épisode

Sue Ellen se décide enfin à accepter une demande en mariage . . .
Fin de série

21.35
Droit de réponse

La violence à la télé

20.35
Variétés

Champs Elysées
avec Hugues Aufray, invité d'honneur

20.35
Film

Le Quatrième Homme
Téléfilm britannique, d'après Agatha Christie

23.35
Musique classique

Prélude à la Nuit
avec Jean-Pierre Rampal

DIMANCHE 27 NOVEMBRE

22.00
Débat

L'holocauste nucléaire

20.35
Film

Le Château en Espagne

22.05
Danse

Festival de Châteauvallon
avec le trio El Zurraque
Angelita Vargas
Carmen Vargas

21.40
Documentaire

Les Echos du Mariage
Le mariage d'une jeune femme avec un handicapé physique

Read this newspaper story about a ransom demand.

LE FILS (12 ANS) d'un médecin

BRUNO KIDNAPPE JEUDI EST RETROUVE VIVANT

Jeudi après-midi, vers 15 h 30, Bruno a quitté la maison de ses parents pour aller jouer avec ses copains. A 16 h en rentrant de l'école, son frère aîné a trouvé une lettre et il a téléphoné à son père. C'est un kidnapping. Le message porte la signature de l'Armée de Libération de la Corse. Ils ont demandé 700.000F. Ce kidnapping a duré trois jours et soixante-quinze policiers ont travaillé en secret pour retrouver le petit Bruno . . . et trois jours après avoir été kidnappé, Bruno Bouvet, 12 ans, a retrouvé sa famille.

Here is a version of the same story from an English newspaper. There are 8 mistakes. Make a list of them.

KIDNAPPED BOY FOUND DEAD

On Wednesday afternoon at about 5.30 pm Bruno left home to visit his uncle. At 6.00pm, on returning from school, his brother found a letter from the kidnappers and quickly telephoned his mother. The letter was signed by the Liberation Army of Corsica. The ransom was 700.000F. His captivity lasted four days and sixty-five police officers worked on the case.

Go over the answers with your teacher. Ask about anything you found difficult.

WRITING TEST

Write your answers in French.

Read through what you have written for a final check.

A **You are writing this letter to a friend. Complete the letter.**

Tell your friend you visited Boulogne last weekend; mention when you left home and how you travelled.

Say what you did in Boulogne and what you bought.

Say what time you left and what you did on the way back.

Le weekend dernier, j'_ ___ Boulogne. J'_ ___ la maison à (?). A Folkestone, nous avons pris le ___.

A Boulogne, nous __ ___ dans un restaurant, et après j'_ __ les magasins. J'_ ___ du ___, du ___ des ___ et un ___.

A (?), on a quitté la ville et on _ __ le bateau. A bord, j'_ __ aux cartes avec mes amis.

Amitiés,

___

B **Write six complete sentences in French about yourself.**

DOSSIER

1 nom ....

2 né / née où? ....

3 grandi où? ....

4 commencé à aller à l'école? ....

5 beaucoup voyagé? ....

6 pays visités ....

1 Je _____.

2 Je _____ à _____.

3 J' _____.

4 J' _____ à l'âge de _____.

5 J' _____.

6 J' _____.

Check the answers with your teacher. Ask about anything you found difficult.

Programme 2

L'argent et l'emploi

AT A GLANCE Programme 2

	WHAT YOU LEARN TO DO	GRAMMAR FOCUS
L'argent de poche **Page 78** ■ A studio discussion about pocket money How much do you get? How can you earn money? What do you spend it on?	▶ say how much pocket money you get ▶ say how you earn money ▶ say how you spend your money	L'ARGENT DE POCHE ● present tense
Le français dans le monde **Page 82** ■ 2 students from North Africa introduce themselves ■ The assistants from French-speaking countries talk about their families ■ Personal ads column and a poem	▶ give details about yourself ▶ talk about your family ▶ write a short dossier on someone ▶ recognise and use feminine and masculine forms of words ▶ state nationalities ▶ describe a face	LE FRANÇAIS DANS LE MON[DE] ● adjectives — feminine, masculine, plural
Checker-chart **Page 87** **The present tense** ■ See at a glance how to ask and answer questions using the present tense.	▶ revise the present tense of some useful verbs	● present tense — positive, negative and interrogative ***je, tu, vous***
Step by step 3 **Page 88** ■ STUDIO 16 asks unemployed young people what they did yesterday. ■ M. Lanzac works in a travel agency. He talks about his travels. ■ Christophe arrives early for an interview . . . ■ Anne Lagrange goes into Italy by motorbike.	▶ say where you went ▶ ask where someone else went ▶ write a letter about what you did last week ▶ ask which countries someone has been to ▶ say where you have been ▶ ask and answer questions about what someone has done	STEP BY STE[P] ● perfect tense (***être*** verbs) ***je, tu, il, elle***
Fous de la danse **Page 96** **Episode 2** ■ Leila and Alain can't find a job until . . . Find out in this episode!	▶ read for pleasure and general understanding	
Infos **Page 98** **Infos radio** **Infos journal** ■ French news items, including: 'Solidarity' in Chamonix the effects of the treacherous weather a hold-up in Fréjus *News in brief* column **Météo** ■ Weather report **Page de publicités** ■ Adverts	▶ listen to radio news for gist and detail ▶ read news items for gist and detail ▶ compare spoken and written news reports ▶ write a report for a newspaper ▶ listen to and read weather reports ▶ listen to and read adverts	INFOS En Corse Un touriste suisse mort [de] froid Un accident dram[a]tique s'est produit [en] Corse. Un touriste suiss[e] est mort de froid pendan[t] une promenade en montagne.
Quels métiers? **Page 104** ■ Young people talk about their plans for the future	▶ talk about what you would like to do when you leave school ▶ give reasons for your choice ▶ understand job descriptions ▶ talk about the advantages and disadvantages of various jobs	QUELS METIERS? ***parce que . . .*** ● ***je voudrais être*** (+ occupations)
Cherche-emploi **Page 109** ■ A job-search programme	▶ listen for details in job adverts ▶ write a curriculum vitae ▶ write a letter applying for a job ▶ understand job adverts ▶ write a reply to a job advert	CHERCHE-EMPLOI
Trouver un job ■ Some useful tips on how to do well in an interview	▶ read and understand what to do to prepare for a job interview ▶ listen to a job interview ▶ describe what happened ▶ answer interview questions	● ***il faut/il ne faut pas*** perfect tense (***avoir*** and ***être*** verbs)

L'ARGENT DE POCHE

Combien recevez-vous d'argent de poche?

Annie Laposte

Ecoutez les réponses de ces jeunes gens au STUDIO 16.

Je reçois 30 francs par semaine.

Marie-Thérèse

Moi, je reçois 20 francs par semaine.

Bernard

Je reçois 10 francs par jour.

Salima

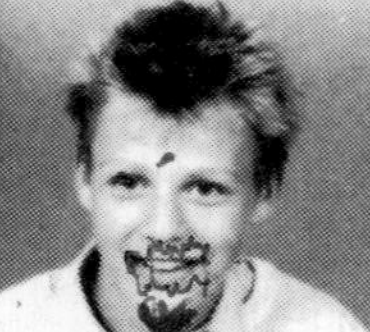

Je reçois environ 15 francs par jour.

Gauthier

Je reçois 5 livres par semaine.

Tony

Je reçois 20 livres par mois.

Claudette

Je ne reçois pas d'argent de poche.

Joël

Pour vous aider

l'argent de poche	pocket money
recevez-vous?	do you get?
qui reçoit le moins?	who gets the least?

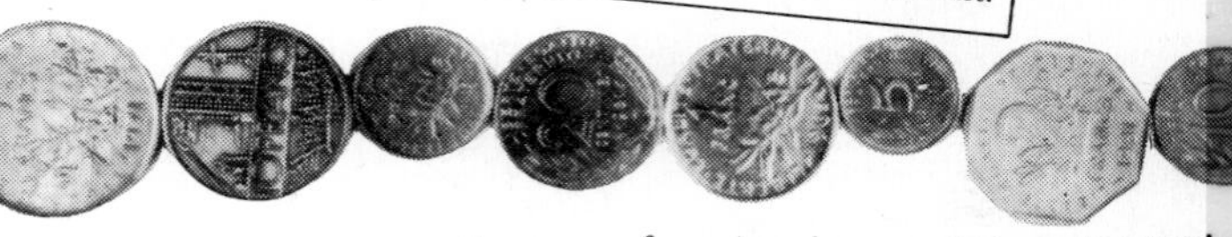

	F	£	par jour	par semaine	par mois
Robert	15		✓		
Nadine	30			✓	
Louise		1	✓		
Stéphane	25			✓	
Marie-Pierre		3		✓	
Arlette	100				✓
Mathieu	—	—	—	—	—

TALKBACK
Regardez le plan
Demandez

Combien reçois-tu d'argent de poche, Robert?

Répondez

Je reçois 15 francs par jour.

Je ne reçois pas d'argent de poche.

Changez de rôle

L'ARGENT DE POCHE

Au STUDIO 16, Annie Laposte parle avec quelques jeunes gens au sujet de l'argent de poche. Ecoutez.

Est-ce que tout le monde reçoit de l'argent de poche?

Est-ce que vous pensez que vos parents vous donnent assez d'argent?

Qu'est-ce que vous faites pour gagner de l'argent?

Est-ce que vous aimez demander de l'argent de poche à vos parents?

Est-ce que vous gagnez de l'argent de poche vous-même?

Qu'est-ce que vous faites pour gagner de l'argent?

Bernard J'aide mes parents à la maison.	**Marie-Thérèse** Je nettoie les voitures.
Nadine Je travaille dans une écurie.	**Philippe** Je fais des livraisons de journaux.
Claudette Je travaille dans une station-service.	**Joël** Je travaille dans un petit magasin.
Tony Je fais du babysitting.	**Marie** Je fais des livraisons de lait.

Regardez les images dans l'exercice C. Ecoutez et répondez aux questions.

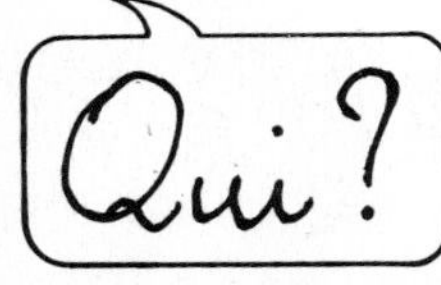

TALKBACK
Demandez

Regardez encore les images. Copiez en complétant.

1 Je nettoie les ________.
2 Je travaille dans un ________.
3 Je fais du ________.
4 Je fais des ________ de journaux.
5 J'aide mes parents à la ________.

L'ARGENT DE POCHE

Voici quelques petits articles pris dans le journal du collège. Comment ces jeunes gagnent-ils de l'argent pour leur voyage en Suisse? Lisez.

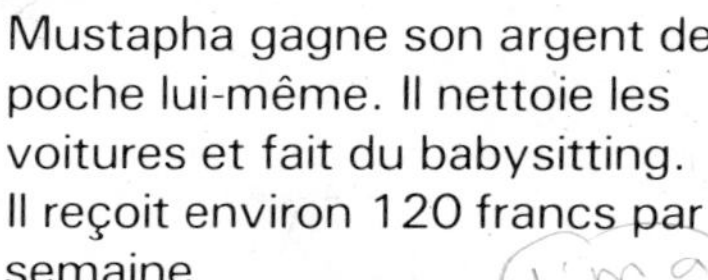

Mustapha gagne son argent de poche lui-même. Il nettoie les voitures et fait du babysitting. Il reçoit environ 120 francs par semaine.

Eliane et Sophie disent:
Nous n'aimons pas demander de l'argent de poche à nos parents. Nous travaillons dans un grand magasin. Nous recevons 150 francs par semaine.

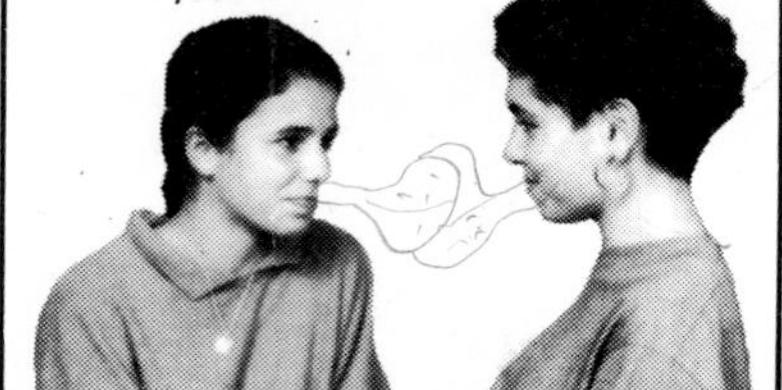

Dany dit:
Je ne pense pas que mes parents me donnent assez d'argent. Je travaille dans une écurie. Généralement je reçois 45 francs par jour.

Valérie travaille pour ses parents dans leur petit magasin. En général, elle fait des livraisons. Elle reçoit 250 francs par mois.

Femi et Robert travaillent dans une écurie. En principe, ils reçoivent 25 francs par jour.

Rosalie dit:
Je ne pense pas que mes parents me donnent assez d'argent. Alors je travaille dans une station-service. Je reçois environ 300 francs par mois.

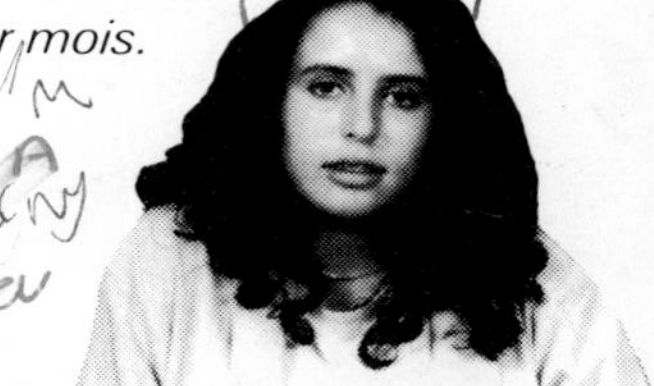

Spot the mistakes

1 Mustapha cleans cars and babysits. He gets about 120 francs a month.

2 Eliane and Sophie work in a small shop. They get about 150 francs a week.

3 Dany works in a stables and usually gets 45 francs an hour.

4 Valérie works for her parents in their shop. Usually she cleans the shop. She gets about 250 francs a month.

5 Femi and Robert work in a supermarket.

6 Rosalie thinks she gets enough money.

Corrigez les erreurs

1 Mustapha fait du babysitting.

2 Eliane et Sophie travaillent dans une station-service.

3 Dany reçoit généralement 45 francs par semaine.

4 Valérie travaille dans un grand magasin.

5 Femi et Robert reçoivent en principe 25 francs par jour.

6 Rosalie ne travaille pas.

L'ARGENT DE POCHE

Au STUDIO 16, on a posé la question
Ecoutez les réponses en regardant les images.

Qu'est-ce que vous faites de votre argent de poche?

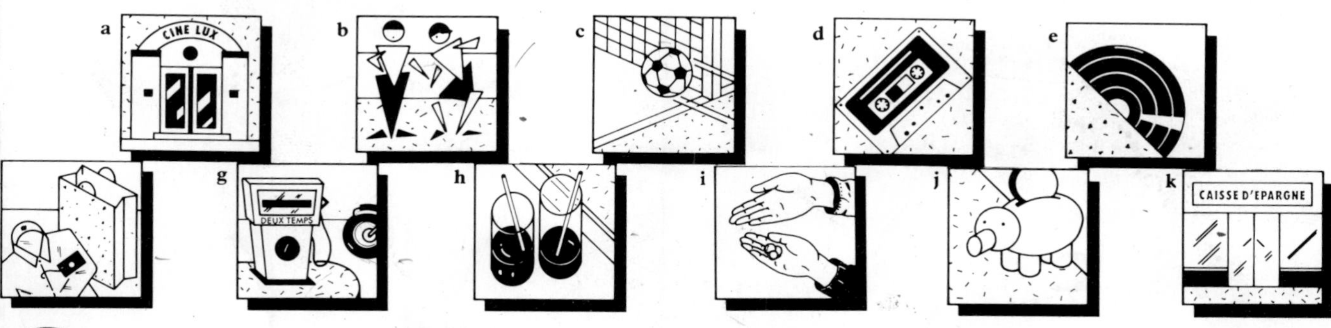

«Qu'est-ce que vous faites de votre argent de poche?»
Ecoutez les réponses, et faites correspondre les noms et les phrases.

exemple: Tony **h**

Attention! — quelquefois, il y a ***deux*** *phrases qui correspondent à* ***un*** *nom.*

noms
Tony
Marie-Thérèse
Bernard
Salima
Joël
Claudette
Gauthier

phrases
a J'achète des habits.
b Je donne de l'argent à ma mère.
c Je vais aux matchs de football.
d Je vais à la discothèque.
e J'achète des cassettes.
f Je fais des économies.
g J'en mets la moitié à la Caisse d'Epargne.
h J'achète des disques.
i J'achète de l'essence pour ma moto.
j Je me paie des pots.
k Je vais au cinéma.

Ecoutez et complétez les réponses:

1 En général, j'achète _____
2 J'en mets la moitié à la _____.
3 Je me paie _____, et puis je vais _____.
4 Moi, j'achète _____ pour ma moto.
5 En principe, je fais _____ mais j'achète aussi _____.
6 D'habitude, je donne _____ à ma mère, et puis je vais au _____.
7 Quelquefois je vais aux _____ et j'achète aussi _____.

Apprenez par coeur

quelquefois	sometimes
en principe	in theory
généralement en général d'habitude	generally, usually

Répondez à ces questions, puis écrivez un petit article: *Mon argent de poche*

— Combien recevez-vous d'argent de poche?
— Est-ce que vous aimez demander de l'argent à vos parents?
— Est-ce que vous pensez que vos parents vous donnent assez d'argent?
— Est-ce que vous gagnez vous-même votre argent de poche?
— Qu'est-ce que vous faites pour gagner de l'argent?
— Qu'est-ce que vous faites de votre argent?

TALKBACK
Demandez

Qu'est-ce que tu fais de ton argent de poche?

Répondez, puis changez de rôle

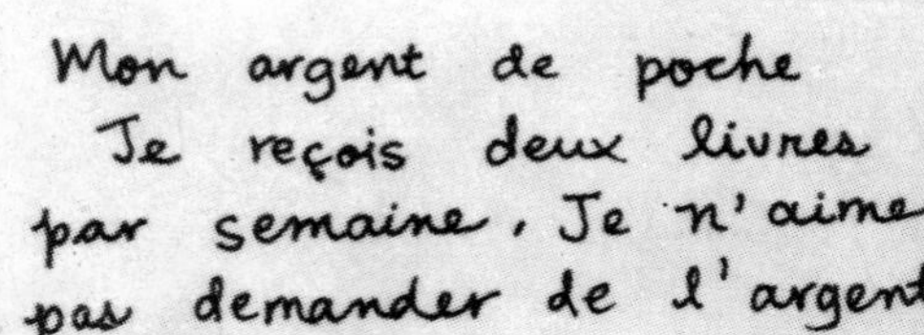

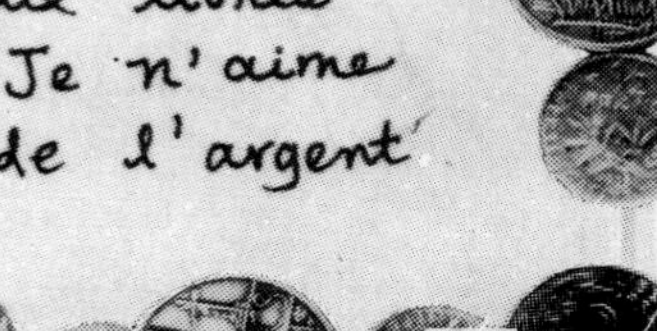

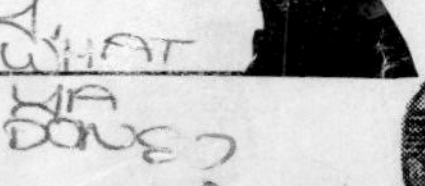

Au S16 on vous présente

Meriem et Michel

LE FRANÇAI

Ecoutez d'abord Meriem. Elle nous parle de . . .

- son prénom
- son âge
- sa ville
- sa nationalité
- son école
- ses parents
- son argent
- ses loisirs

Arrêtez la bande après l'interview avec Meriem. Faites les exercices B et C, puis écoutez Michel.

Meriem

Ecoutez encore une fois Meriem. Ecrivez les mots qui manquent.

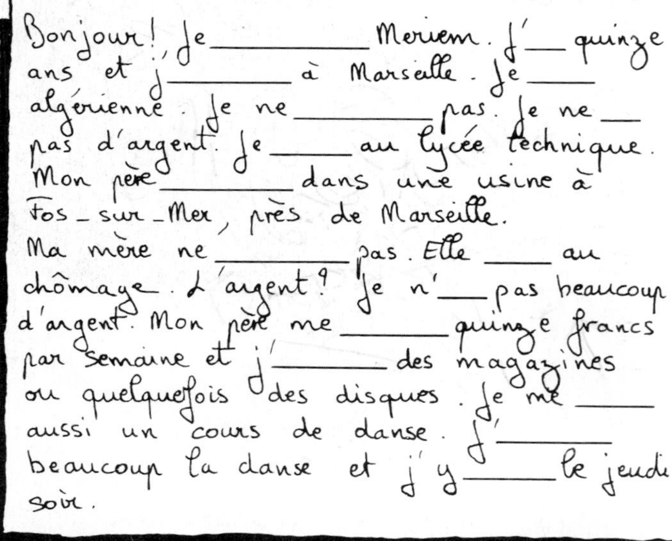

Bonjour! Je ________ Meriem. J'__ quinze ans et j'________ à Marseille. Je ____ algérienne. Je ne ________ pas. Je ne __ pas d'argent. Je ____ au lycée technique. Mon père ________ dans une usine à Fos-sur-Mer, près de Marseille. Ma mère ne ________ pas. Elle ____ au chômage. L'argent? Je n'__ pas beaucoup d'argent. Mon père me ______ quinze francs par semaine et j'______ des magazines ou quelquefois des disques. Je me ____ aussi un cours de danse. J'______ beaucoup la danse et j'y ______ le jeudi soir.

Vérifiez vos réponses dans cette liste:

travaille
suis
m'appelle
travaille
ai
habite
vais
ai
paie
donne
vais
gagne
aime
achète
travaille
est

Copiez en complétant:

1 Elle s'appelle ________.
2 Elle a quinze ________.
3 Elle va au ________.
4 Elle n'a pas beaucoup d' ________.
5 Son père lui donne ________.
6 Elle achète ________.
7 Elle aime beaucoup ________.
8 Elle va à un cours ________.

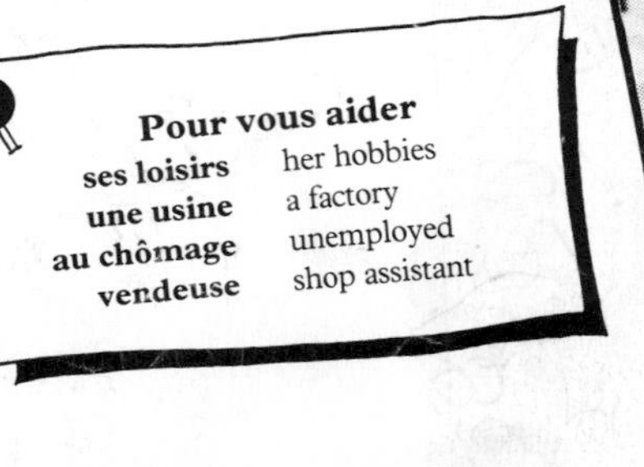

Pour vous aider

ses loisirs	her hobbies
une usine	a factory
au chômage	unemployed
vendeuse	shop assistant

Michel

dans le monde

Maintenant, écoutez la deuxième partie de l'interview: Michel, un garçon tunisien, nous parle de . . .

• son prénom	Michel
• son âge	14 ans
• sa ville	Paris
• son école	CES Victor Hugo
• sa mère	vendeuse, centre ville
• son père	mort
• sa nationalité	il est tunisien
• son travail	le samedi, au marché
• son argent	100F par semaine
• ses loisirs	disques, livres, cinéma

Ecoutez encore une fois Michel, puis écrivez un paragraphe sur lui.

Michel
Il s'appelle Michel. Il a quatorze ans. Il habite à Paris. Il va au

TALKBACK

Interrogez quelqu'un

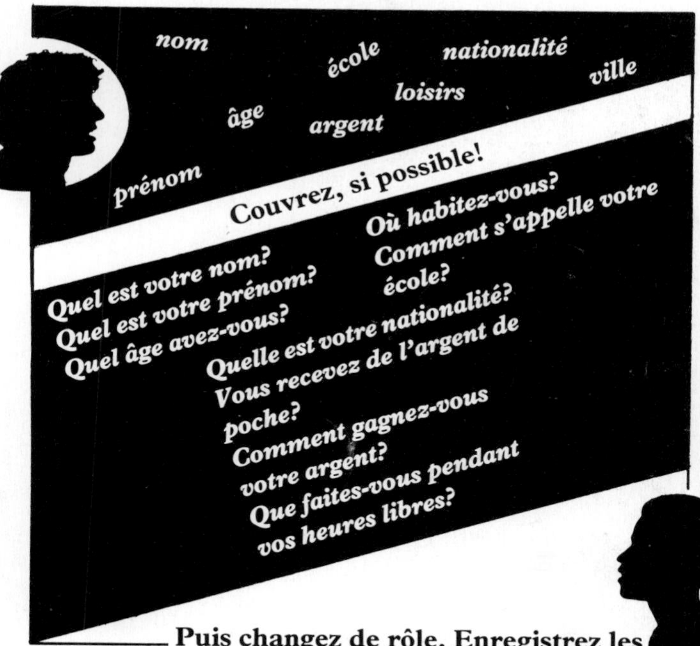

Puis changez de rôle. Enregistrez les conversations, si possible.

Ecrivez 5 phrases sur vous-même.

Moi
J'ai quinze ans et j'habite à Londres. Je vais

Ecrivez un paragraphe sur un ami. une amie.

Mon amie
Elle s'appelle Raina. Elle a quatorze ans. Elle ne gagne pas

LE FRANÇAIS DANS LE MONDE

Ma famille

Ousmane

Sylvie

Ahmed

Fatima

Pour vous aider

l'aîné / **l'aînée**	the eldest
le cadet / **la cadette**	the youngest
la frontière belge	the Belgian border
ouvrier	worker
ménagère	a housewife
ingénieur	engineer
(des) langues	languages
il / **elle** **étudie**	he / she is studying
bibliothécaire	librarian

A **Ecoutez. Au STUDIO 16, nos amis qui sont assistants de français à Londres parlent de leurs familles.**

B **Ecoutez encore une fois. Combien de détails pouvez-vous trouver? Prenez des notes en anglais ou en français.**

Ousmane
frères? — aîné? / cadet?
soeurs?
père?
mère?

Ahmed
frères?
soeurs?
où habitent-ils?
père?
mère?

Fatima
où est sa famille?
père?
mère?
nationalités?
frères?
où sont-ils?

Sylvie
où est sa famille?
soeurs?
professions?

C **TALKBACK**
Et maintenant parlez de votre famille.

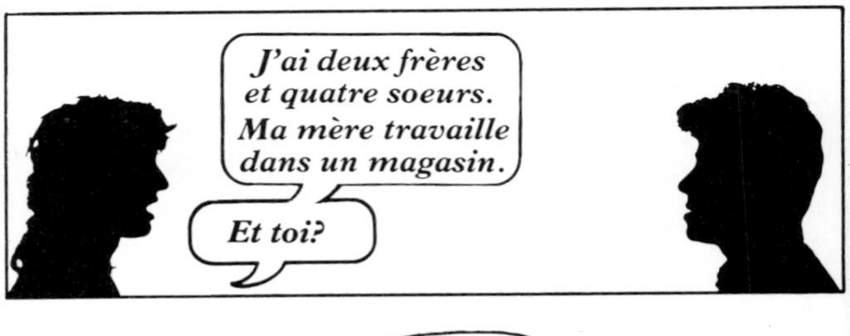

J'ai deux frères et quatre soeurs. Ma mère travaille dans un magasin.

Et toi?

Vous parlez très bien français... vous êtes français?

Ah non! Je suis algérienne

je suis antillaise

Je suis tunisien

Je suis québécoise

Je suis sénégalais

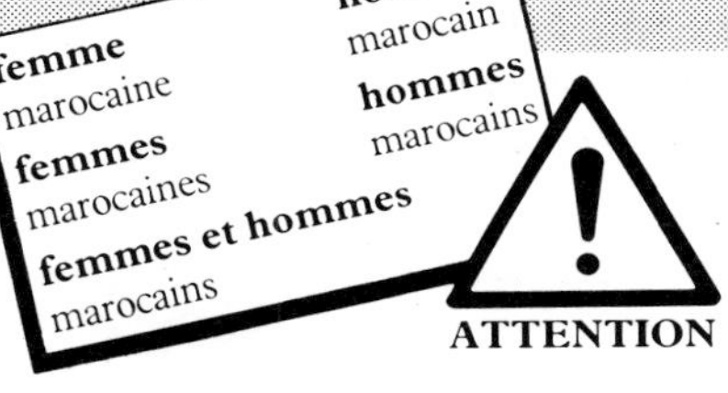

pays	femme	homme
la France	française	français
l'Irlande	irlandaise	irlandais
l'Ecosse	écossaise	écossais
l'Angleterre	anglaise	anglais
le Pakistan	pakistanaise	pakistanais
le Japon	japonaise	japonais
la Pologne	polonaise	polonais
le Portugal	portugaise	portugais
les Antilles	antillaise	antillais
l'Algérie	algérienne	algérien
le Vietnam	vietnamienne	vietnamien
la Tunisie	tunisienne	tunisien
l'Italie	italienne	italien
l'Inde	indienne	indien
le Canada	canadienne	canadien
l'Afrique	africaine	africain
les Etats-Unis	américaine	américain
le Maroc	marocaine	marocain
le Québec	québécoise	québécois
la Chine	chinoise	chinois
le Pays de Galles	galloise	gallois
la Turquie	turque	turc
la Grèce	grecque	grec
la Chypre	chypriote	chypriote
l'URSS	soviétique	soviétique
le Bangladesh	bengalie	bengali
l'Allemagne	allemande	allemand
l'Espagne	espagnole	espagnol

Ecrivez les mots qui manquent:

1 Je suis japonais et ma femme est _____ aussi.
2 Je suis africaine et ma mère est _____ aussi.
3 Je suis écossaise et mon mari est _____ aussi.
4 Je suis turc et ma soeur est _____ aussi.
5 Je suis indien et ma tante est _____ aussi.
6 Je suis chinois et ma femme est _____ aussi.
7 Je suis anglaise et mon frère est _____ aussi.
8 Je suis portugaise et mon père est _____ aussi.

Ecrivez les adjectifs qui correspondent au noms des pays.

1 J'aime le pain _____ (France)
2 Mes parents sont _____ (Portugal)
3 Ma prof de biologie est une femme _____ (Antilles)
4 J'ai un magnétoscope _____ (Japon)
5 J'ai écrit à une amie _____ (Pakistan)
6 Il y a une fille _____ (Chine) dans ma classe.
7 Les parents de mon ami sont _____ (Irlande)
8 Mes cousins sont _____ (Pologne)
9 J'ai rencontré une fille _____ (Algérie)
10 J'ai vu beaucoup de films _____ (Etats-Unis)

Rencontres

Rencontres

1
20 ans, étudiant en langues, parlant italien et anglais, seul, cherche ami/amie pour grandes vacances à l'étranger

2
Veuf, 58 ans, sans enfants, sérieux, grand, sportif, aimant la vie, veut partager sa vie

3
Lycéenne suisse, 17 ans, aimant la moto, habitant près de Lausanne, cherche amis/amies qui aiment chanter, rire et sortir!

4
Ingénieur, 28 ans, sportive, végétarienne, cherche logement centre ville — de préférence ménage non-fumeur

5
18 ans, intelligente et sportive, cherche amis/amies pour vacances en Italie

6
Musicien amateur, beau, pas trop sérieux, 21 ans, nouveau-venu en Suisse, cherche amis/amies

7
54 ans, veuve, seule, sans enfants, en bonne forme, sportive, sérieuse, cherche ami

8
Nouvelle-venue à Lausanne, étudiante en musique, belle, intelligente (et sans prétensions) désire rencontrer ami/amie semblable

9
Technicien, 22 ans, agréable, intelligent, anti-sexiste, végétarien, non-fumeur, cherche deux personnes pour partager appartement centre ville

10
Deux jeunes hommes cherchent amis/amies en vue sorties (cinéma, musique, moto . . .)

C **Complétez**

femme	homme
1 sérieuse	*sérieux*
2 sportive	*sp*______
3 intelligente	*i*______
4 veuve	______
5 belle	______
6 seule	______
7 végétarienne	______

Vérifiez vos réponses dans les petites annonces.

Link-up
Inventez des unions!

Composez et écrivez:
trois petites annonces envoyées par des femmes
trois petites annonces envoyées par des hommes

Lisez ces petites annonces.

Trouvez les petites annonces envoyées par des femmes.

Pour vous aider

seul / **seule**	alone, lonely	**ménage**	household
à l'étranger	abroad	**non-fumeur**	non-smoking/non-smoker
veuf	widower	**nouveau-venu** / **nouvelle-venue**	newcomer
veuve	widow	**en bonne forme**	in good shape
(veut) partager	(wants) to share	**sans prétensions**	modest
lycéenne	(female) student at a lycée	**rencontrer**	to meet
la moto	motorbike	**semblable**	similar
logement	accommodation	**en vue sorties**	with a view to going out

mon visage

Mon visage est très triste
Mon visage ne plaît pas au prof
Mon visage est bizarre
Mon visage n'est pas blanc, mais brun
Mes yeux sont sombres
Et mon visage est grand
Mon visage est drôle
Mon visage est comme il est . . .

Comment est votre visage?
Essayez de décrire votre visage.

Puis décrivez le visage d'un ami. / d'une amie.

GRAND
CARRE
ANIME
gros
rond
content
MAIGRE
LONG
petit
CALME
Beau
sérieux
intéressant

Pour vous aider

triste	sad
ne plaît pas au prof	the teacher doesn't like
bizarre	strange
sombres	dark
drôle	funny
carré	square
gros	fat
maigre	thin

Checker-Chart

THE PRESENT TENSE

Here are some useful verbs in the present tense:

Etes-vous . . . ?	Es-tu . . . ?	Je suis Je ne suis pas
Allez-vous . . . ?	Vas-tu . . . ?	Je vais Je ne vais pas
Faites-vous . . . ?	Fais-tu . . . ?	Je fais Je ne fais pas
Voulez-vous . . . ?	Veux-tu . . . ?	Je veux Je ne veux pas
Aimez-vous . . . ?	Aimes-tu . . . ?	J'aime Je n'aime pas
Savez-vous . . . ?	Sais-tu . . . ?	Je sais Je ne sais pas
Pouvez-vous . . . ?	Peux-tu . . . ?	Je peux Je ne peux pas
Avez-vous . . . ?	As-tu . . . ?	J'ai Je n'ai pas
Recevez-vous . . . ?	Reçois-tu . . . ?	Je reçois Je ne reçois pas

être	***avoir***
je suis	j'ai
tu es	tu as
il est	il a
elle est	elle a
on est	on a
nous sommes	nous avons
vous êtes	vous avez
ils sont	ils ont
elles sont	elles ont

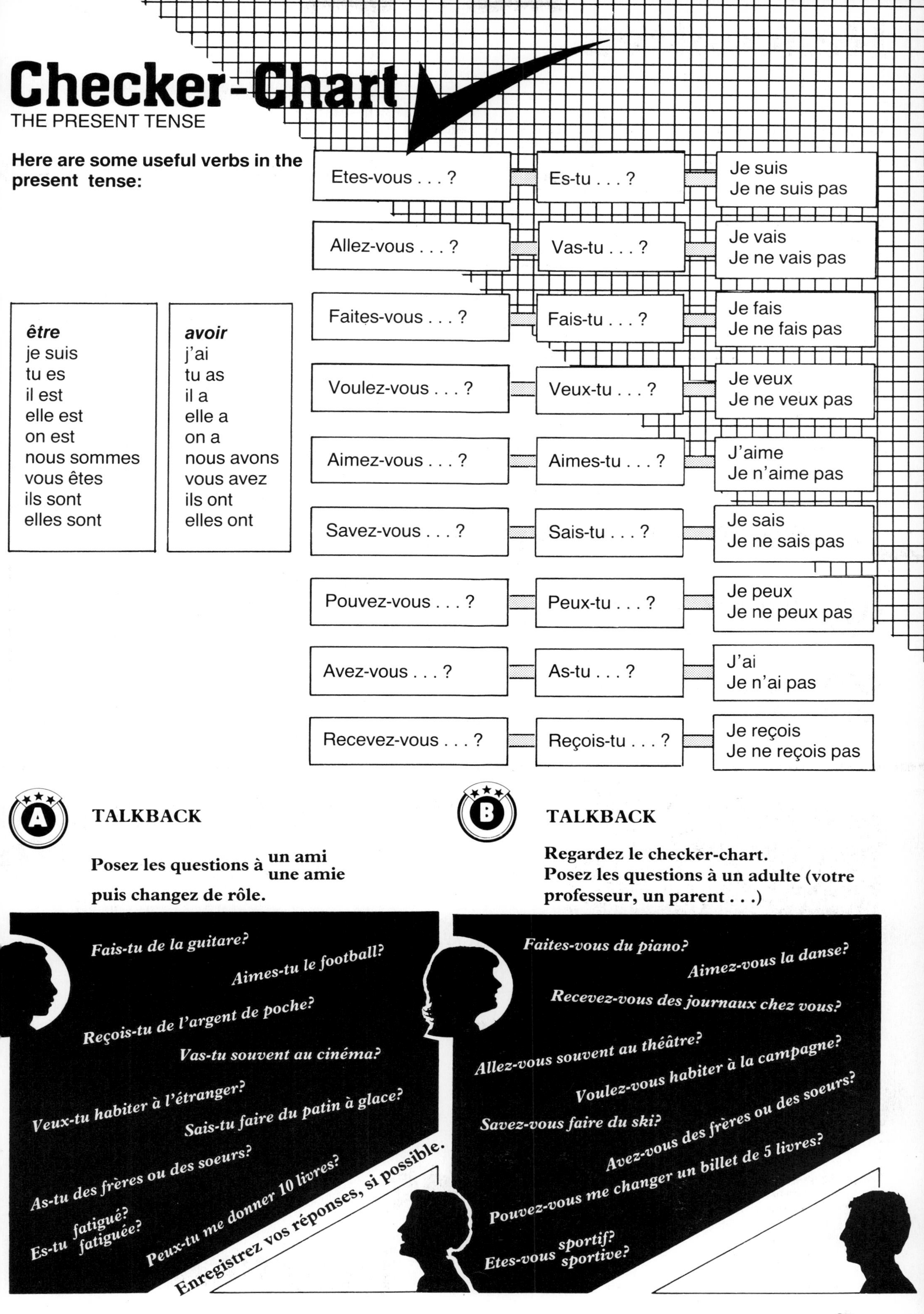

A TALKBACK

Posez les questions à un ami / une amie puis changez de rôle.

Fais-tu de la guitare?
Aimes-tu le football?
Reçois-tu de l'argent de poche?
Vas-tu souvent au cinéma?
Veux-tu habiter à l'étranger?
Sais-tu faire du patin à glace?
As-tu des frères ou des soeurs?
Es-tu fatigué? / fatiguée?
Peux-tu me donner 10 livres?

Enregistrez vos réponses, si possible.

B TALKBACK

Regardez le checker-chart.
Posez les questions à un adulte (votre professeur, un parent . . .)

Faites-vous du piano?
Aimez-vous la danse?
Recevez-vous des journaux chez vous?
Allez-vous souvent au théâtre?
Voulez-vous habiter à la campagne?
Savez-vous faire du ski?
Avez-vous des frères ou des soeurs?
Pouvez-vous me changer un billet de 5 livres?
Etes-vous sportif? / sportive?

AU CHÔMAGE

Où êtes-vous allés hier?

Au STUDIO 16, nous avons interviewé quelques jeunes gens qui n'ont jamais travaillé. Ils sont tous au chômage. Nous avons posé la question: *Comment passez-vous votre temps?* et en particulier *Où êtes-vous allés hier?*

Lisez

au chômage	out of work, unemployed
je suis allé / allée	I went
la patinoire	the ice-rink
un copain / une copine	a friend
je suis resté / restée	I stayed
la RATP	Paris transport
un interview	an interview
un poste	a job
au lit	in bed
une agence pour l'emploi	an employment agency
il n'y avait rien pour moi	there was nothing for me

Ecoutez les interviews

Ecoutez encore une fois. Faites correspondre les textes et les dessins.

1 Nathalie **3** Isabelle **5** Frédéric **7** Thierry
2 Valérie **4** Anna **6** Stéphane **8** Nicolas

Faites correspondre les questions et les réponses.

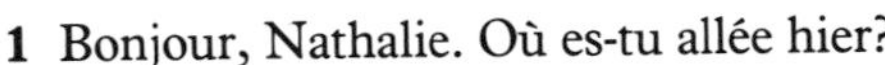

1 Bonjour, Nathalie. Où es-tu allée hier?
2 Et toi, Valérie? Où es-tu allée hier?
3 Isabelle? Où es-tu allée hier?
4 Et toi, Anna? Où es-tu allée hier?

a Je suis restée chez moi.
b Je suis allée à la patinoire.
c Je suis restée au lit toute la journée.
d Je suis allée à Paris chercher un job.

5 Et toi, Frédéric? Où es-tu allé hier?
6 Et maintenant à toi, Stéphane. Où es-tu allé hier?
7 Et Thierry? Où es-tu allé?
8 Et finalement . . . Où es-tu allé, Nicolas?

e Le matin, je suis resté chez moi. L'après-midi, je suis allé au jardin public.
f Je suis allé à la piscine.
g Le matin, je suis resté chez moi. Puis l'après-midi je suis allé chez mon copain.
h Je suis allé dans une agence pour l'emploi.

Apprenez par coeur

je suis allé / allée	I went
je suis resté / restée	I stayed
au chômage	out of work
j'ai cherché un job	I looked for a job
un poste	a job
bonne chance!	good luck!
il n'y avait rien pour moi	there was nothing for me

TALKBACK
Mon agenda

lundi 2 juin	à la piscine	matin
		après-midi
	chez mon copain	soir
mardi 3 juin		matin
	chez moi	après-midi
	chez un voisin – faire du babysitting	soir
mercredi 4 juin	au lit	matin
		après-midi
	voir ma copine	soir
jeudi 5 juin	aux magasins	matin
		après-midi
	au cinéma	soir
vendredi 6 juin	chez le dentiste	matin
	chez le coiffeur	après-midi
	chez moi	soir
samedi 7 juin	chez mes grands-parents	matin
		après-midi
	à la discothèque	soir
dimanche 8 juin		matin
		après-midi
	chez moi	soir

Imaginez que c'est votre agenda pour une semaine de vacances à la Pentecôte.

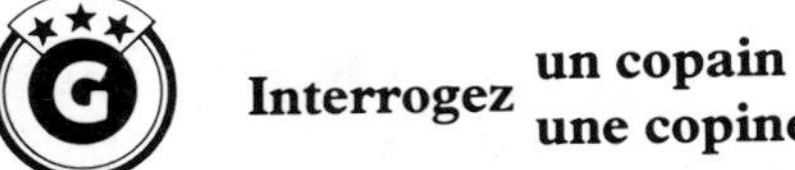

Interrogez **un copain / une copine**

Véronique écrit à son père, qui travaille au Maroc. Elle décrit ce qu'elle a fait la semaine dernière à Lille. Où est-elle allée? Copiez la lettre en complétant.

Lille le 28 mai

Cher papa,
Merci beaucoup de ta dernière lettre. Je vois que la vie à Rabat est vraiment très intéressante. Tu as de la chance… il fait si beau là-bas!
Tu veux savoir ce que je fais ici à Lille? Voici une petite liste de tout ce que j'ai fait la semaine dernière. Ça t'intéresse?

Lundi matin, je suis allée au collège. Puis l'après-midi, ________ jouer au ________, et après ________. Puis mardi ________.

Et mercredi, ________ [SYLVIE BALZAC].

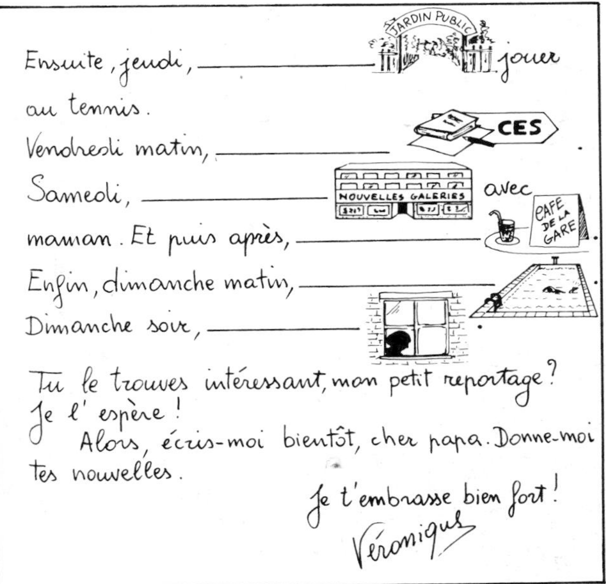

Ensuite, jeudi, ________ [JARDIN PUBLIC] jouer au tennis.
Vendredi matin, ________ [CES].
Samedi, ________ [NOUVELLES GALERIES] avec maman. Et puis après, ________ [CAFÉ DE LA GARE].
Enfin, dimanche matin, ________.
Dimanche soir, ________.

Tu le trouves intéressant, mon petit reportage? Je l'espère!
Alors, écris-moi bientôt, cher papa. Donne-moi tes nouvelles.

Je t'embrasse bien fort!
Véronique

Et vous?
Qu'avez-vous fait la semaine dernière?
Ecrivez une lettre à un ami. / une amie.

Décrivez ce que vous avez fait la semaine dernière.
Commencez la lettre par *Cher* ou *Chère*.
Finissez par *Amitiés* (puis votre prénom).

3 STEP BY STEP

Vous êtes allés à l'étranger?

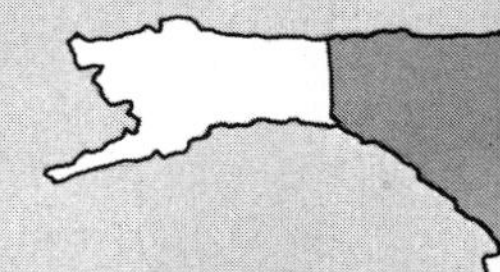

Bonjour!
Je m'appelle Lanzac et je travaille dans une agence de voyages à Nantes depuis cinq ans.
Pendant ces cinq ans, j'ai beaucoup voyagé . . . surtout à l'étranger. En particulier, j'ai beaucoup apprécié mes voyages en Afrique, au Pakistan et en Chine. Je m'intéresse beaucoup aux différents modes de vie.

Regardez ma valise. Vous voyez que j'ai fait une grande collection d'étiquettes des différents pays que j'ai visités. Savez-vous où se trouvent tous ces pays?

A **Ecoutez et trouvez les pays sur la carte**

Je suis allé
en Turquie . . . en Grèce . . . au Niger . . . en Chine . . . en Tunisie . . . au Maroc . . . au Portugal . . . au Canada . . . au Pakistan . . . aux Antilles . . . à Chypre.

B **TALKBACK**

Posez les questions à M. Lanzac, l'employé de l'agence

C

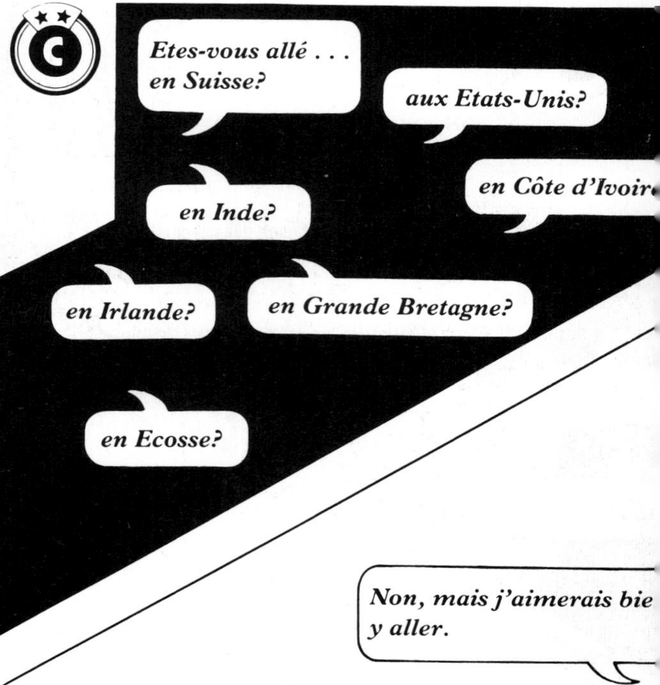

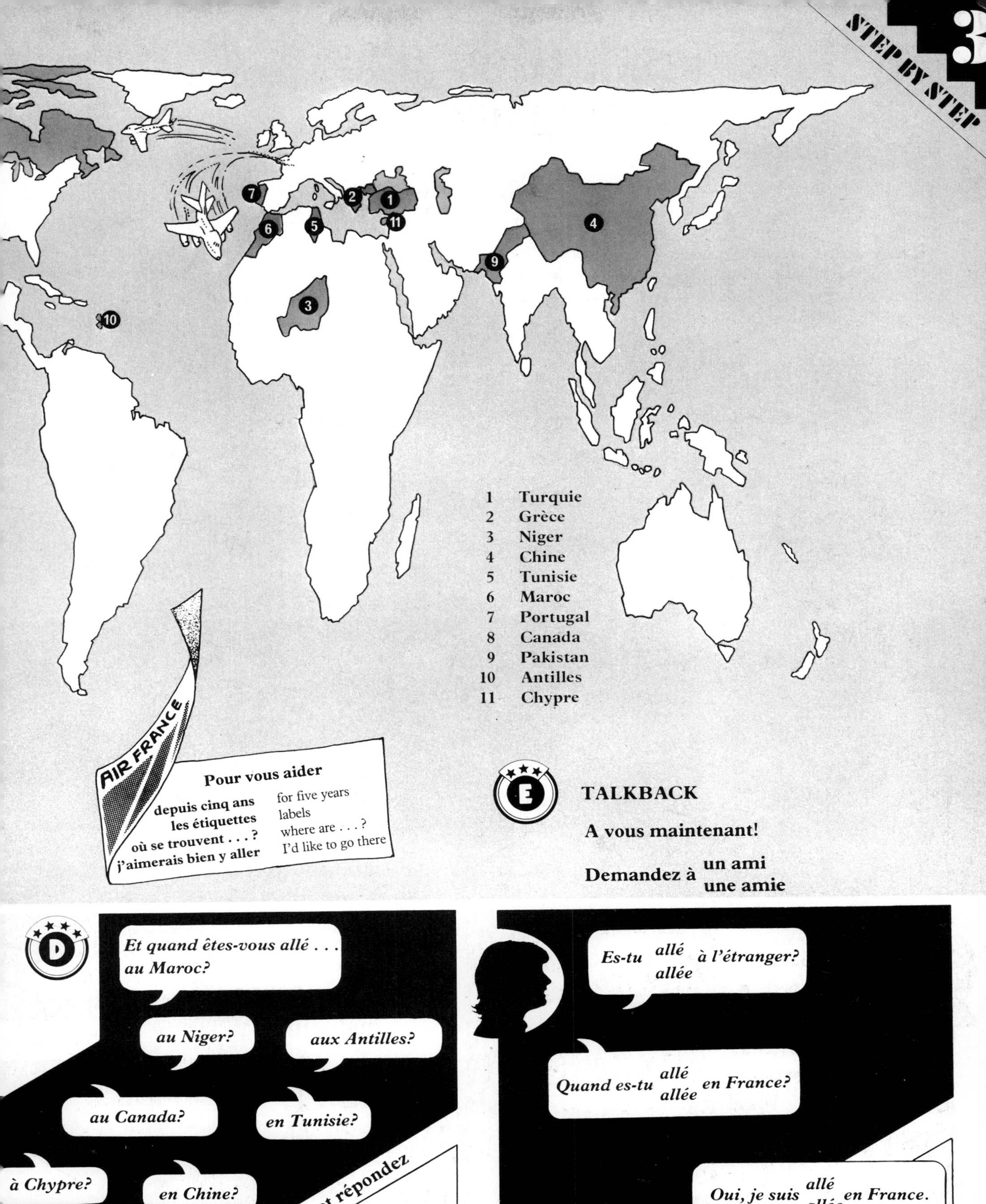

Pour vous aider

depuis cinq ans	for five years
les étiquettes	labels
où se trouvent . . . ?	where are . . . ?
j'aimerais bien y aller	I'd like to go there

E TALKBACK

A vous maintenant!

Demandez à un ami / une amie

Es-tu allé / allée à l'étranger?

Quand es-tu allé / allée en France?

Oui, je suis allé / allée en France.

Non, je ne suis pas allé / allée à l'étranger.

J'y suis allé / allée en 1985.

Répondez

D

Et quand êtes-vous allé . . . au Maroc?

au Niger?

aux Antilles?

au Canada?

en Tunisie?

à Chypre?

en Chine?

au Pakistan?

J'y suis allé en mil neuf cent quatre-vingt-cinq.

Regardez les dates sur les étiquettes et répondez

UNE ENTREVUE POUR UN JOB

Lisez

une entrevue	a (job) interview
un travail permanent	a permanent job
un emploi temporaire	a temporary job
tôt	early
le bâtiment	the building
je me suis trompé	I made a mistake
la semaine prochaine	next week
aussi vite que possible	as quickly as possible

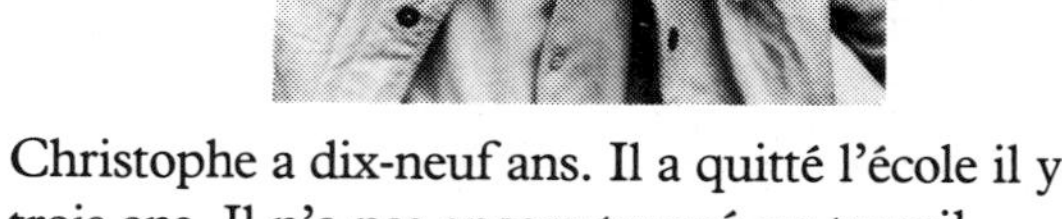

Christophe a dix-neuf ans. Il a quitté l'école il y a trois ans. Il n'a pas encore trouvé un travail permanent.
Lundi dernier, il s'est levé très tôt. Il avait une entrevue à la RATP — la Régie Autonome des Transports Parisiens. C'était une entrevue pour un emploi temporaire dans le métro.
Christophe était très nerveux.

B **Ecoutons l'histoire . . . de la bouche de Christophe.**

Apprenez par coeur

je suis entré / entrée	I went in
je suis monté / montée	I went up
je suis allé / allée	I went
je suis arrivé / arrivée	I arrived
je suis resté / restée	I stayed
je suis sorti / sortie	I went out
je suis descendu / descendue	I went down
je suis venu / venue	I came
je suis parti / partie	I left
je suis tombé / tombée	I fell
je suis rentré / rentrée	I went back

Faites correspondre les phrases et les images à la page 92.

exemple: **a 2**

a Il est sorti de la maison.
b Il est descendu de l'autobus.
c Il est arrivé devant la porte d'entrée.
d Il est monté jusqu'au dixième étage.
e Il est entré dans le bureau.
f Il s'est levé très tôt.
g Il est entré dans le bâtiment.
h Il est sorti du bureau.
i Il est allé à pied jusqu'aux bureaux de la RATP.
j Il est descendu du dixième étage. Il est parti et il est rentré aussi vite que possible chez lui.

Mettez les phrases de l'exercice D dans le bon ordre, puis écrivez l'histoire de Christophe.

Pour composer une histoire intéressante, utilisez aussi ces phrases:

Lundi dernier …
Après le petit déjeuner …
Après une heure …
Puis …
A neuf heures moins cinq …
Très nerveux …
A neuf heures précises …
Mais malheureusement le rendez-vous était pour la semaine prochaine !…
Ensuite …

TALKBACK

Posez les questions

UNE JOURNEE EN ITALIE

Anne Lagrange habite à Toulon. Samedi dernier, elle a décidé de rendre visite à son frère qui habite à Cuneo, en Italie.

Regardez son itinéraire sur la carte. Puis écoutez son histoire . . .

Ecoutez. Ecrivez dans votre cahier les mots qui manquent. Arrêtez la bande si nécessaire.

Samedi matin, Anne Lagrange ____ ____ très tôt, à six heures. Elle s'est lavée, ____ ____, et puis elle ____ ____ son petit déjeuner.

Vers sept heures, elle ____ ____ de la maison, et elle ____ ____ dans son garage pour prendre sa moto. Elle ____ ____ son casque et elle ____ ____ à moto. Elle ____ ____ tout de suite.

Très vite, elle ____ ____ sur l'autoroute. Après trois heures d'autoroute, elle ____ ____ à la frontière italienne.

Après avoir passé la douane, elle ____ ____ dans les montagnes au-dessus de Monte-Carlo. Elle est passée par un col — le Col de Tende.

Une fois arrivée à Cuneo, elle a trouvé la maison de son frère et elle ____ ____ de sa moto.

Elle ____ ____ une journée agréable chez lui et dans la ville. Elle ____ ____ au célèbre marché de Cuneo où elle ____ ____ un porte-monnaie en cuir et de l'huile d'olive — moins chers qu'en France.

Vers six heures du soir, elle ____ ____ de Cuneo. Encore un long voyage à moto et elle ____ ____ à Toulon.

Pour vous aider

elle s'est levée	she got up
elle s'est lavée	she washed
elle s'est habillée	she got dressed
son casque	her helmet
au-dessus de	above
elle est passée par un col	she went through a mountain pass
une fois arrivée	once she had arrived
un porte-monnaie en cuir	a leather purse
de l'huile d'olive	some olive oil
moins chers	cheaper
elle est revenue	she went back

Choisissez dans cette liste:

a passé
a pris
a mis
a acheté
est sortie
est revenue
est partie
est partie
est allée
est montée
est entrée
est entrée
est descendue
est arrivée
est arrivée
s'est habillée
s'est levée

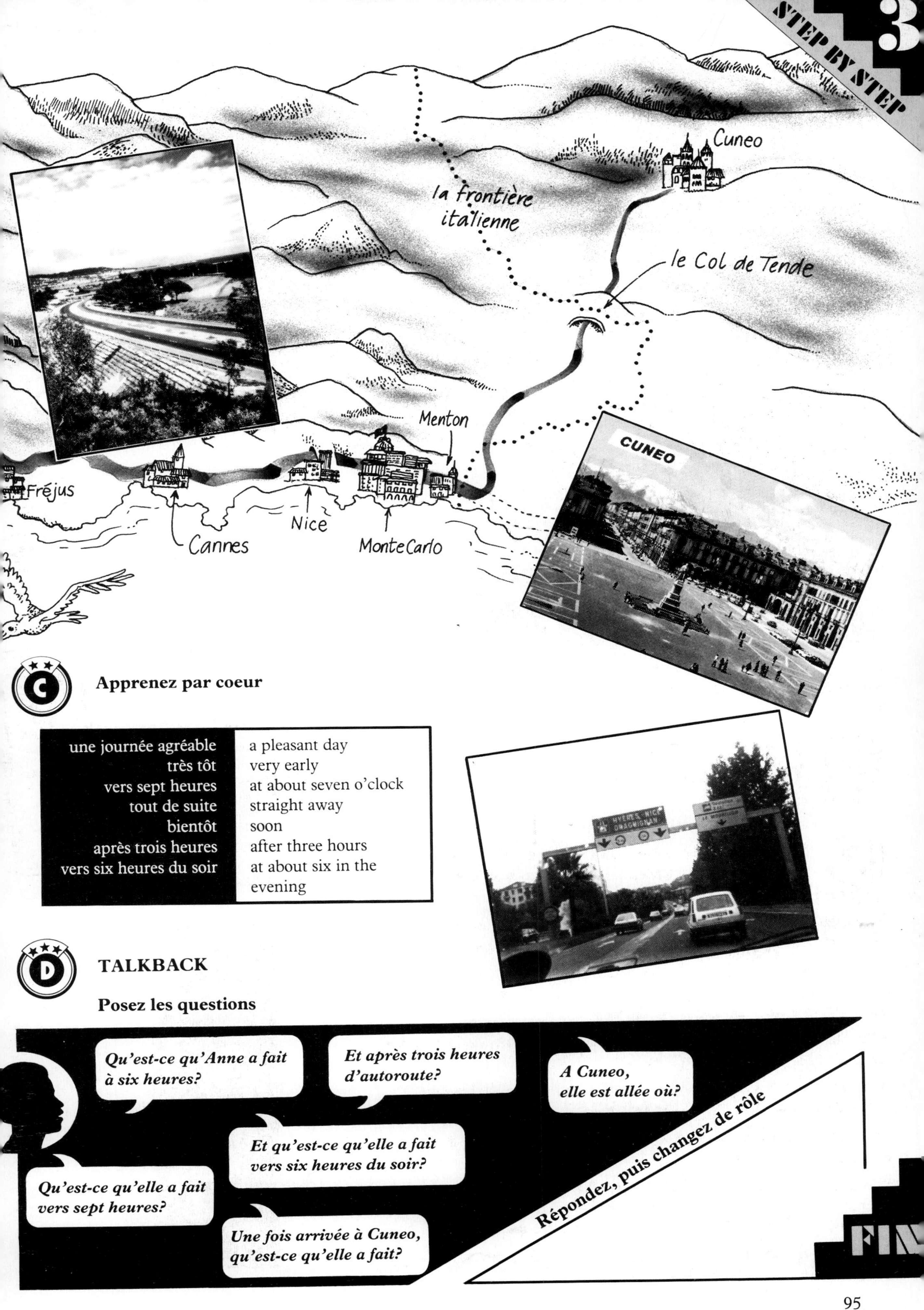

Apprenez par coeur

une journée agréable	a pleasant day
très tôt	very early
vers sept heures	at about seven o'clock
tout de suite	straight away
bientôt	soon
après trois heures	after three hours
vers six heures du soir	at about six in the evening

TALKBACK

Posez les questions

Qu'est-ce qu'Anne a fait à six heures?

Et après trois heures d'autoroute?

A Cuneo, elle est allée où?

Et qu'est-ce qu'elle a fait vers six heures du soir?

Qu'est-ce qu'elle a fait vers sept heures?

Une fois arrivée à Cuneo, qu'est-ce qu'elle a fait?

Répondez, puis changez de rôle

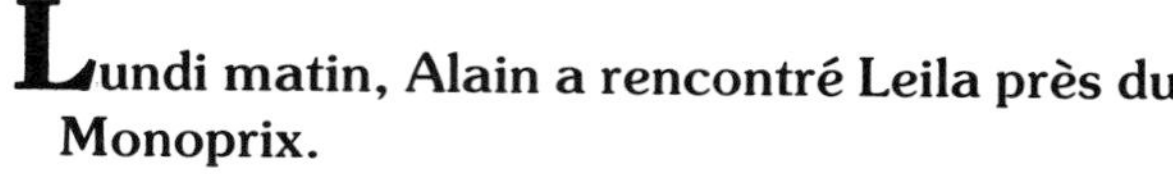

Lisez l'histoire, puis répondez à ces questions en anglais:

1 Why is Leila feeling fed up?
2 Why is Alain feeling fed up?
3 What is the woman's suggestion?
4 What is the publicity handout about?
5 What does the woman say at the end?

Lundi matin, Alain a rencontré Leila près du Monoprix.

Quelle bonne surprise!

— *Salut, Leila!* a dit Alain. *Je ne t'ai pas vue au cours de danse cette semaine!*

— *Oh, tu sais, Alain,* a répondu Leila, *c'est difficile. Je ne peux pas gagner assez d'argent pour payer mes cours!*

— *Pour moi, c'est la même chose,* a dit Alain. *Mon père m'a trouvé un emploi dans une pharmacie . . . mais si je le prends, je dois travailler l'après-midi, et comme tu sais, les cours de danse sont à trois heures — alors . . .*

A ce moment, une femme (qui était à côté) a demandé:

— *Vous cherchez du travail?*

— *Ah oui!* a répondu Leila.

— *Eh bien, je crois que je peux vous aider,* a dit la dame. *Nous cherchons des personnes pour distribuer des tracts publicitaires, six heures par jour. Nous payons 300 francs par semaine.*

— *Hmm,* a pensé Leila, *de la publicité . . . c'est peut-être pour du dentifrice, ou pour du savon . . .*

Et Alain a dit:
— *C'est probablement de la publicité pour les assurances — ou pour le chauffage central!*

Puis la femme a sorti un papier de son sac.
— *Regardez,* a dit la femme.
Les deux copains ont lu:

VOUS AIMEZ LES SPECTACLES, LA MUSIQUE, LA DANSE?

VOUS VOUDRIEZ UN THEATRE PRES DE CHEZ VOUS?

Alors, aidez-nous à restaurer le Théâtre Impérial!

Nous avons besoin de votre argent, de votre temps, de votre bonne volonté.

Venez à une réunion à 21H le 27 novembre au Théâtre Impérial, rue Desmoines.

LE THEATRE IMPERIAL C'EST VOTRE THEATRE!

— *Mais le Théâtre Impérial est en ruines!* a dit Alain.

— *Oui, mais on va changer tout ça,* a dit la dame. *Vous voulez nous aider?*

— *Oh oui, bien sûr,* a répondu Leila. *Et nous avons deux copains qui cherchent aussi du travail. Ils peuvent aider à distribuer cette publicité.*

— *Bon,* a dit la femme, *venez au théâtre demain à 9 heures pour commencer le travail.*

A SUIVRE . . . *voir la page 126*

Pour vous aider

près	near
quelle bonne surprise!	what a nice surprise
au cours de danse	at the dance class
la même chose	the same thing
à côté	nearby
distribuer	to deliver
des tracts publicitaires	publicity handouts
les assurances	insurance
le chauffage central	central heating
restaurer	restore
bonne volonté	goodwill
une réunion	a meeting

Voici l'annonce que la femme a mise dans le journal. Pouvez-vous la compléter?

CHERCHONS
PERS NNES POUR
DISTRIBUER PUBLICITE
6 H PAR JOUR
300F PAR SEMAINE

Voici ce que Leila a raconté à Florence . . . mais il y a des erreurs. Pouvez-vous les corriger en français?

J'ai rencontré Alain ce matin au Théâtre Impérial. Une femme nous a demandé « Vous cherchez un cours de danse? » Elle nous a dit « Nous cherchons des personnes pour distribuer du savon. Nous voulons restaurer le Monoprix! » Elle nous a demandé d'aller au théâtre demain à onze heures pour commencer le travail.

96 100 104 INFOS RADIO FM/MHz

700 800 900 1000 1200 1400 AM/KHz

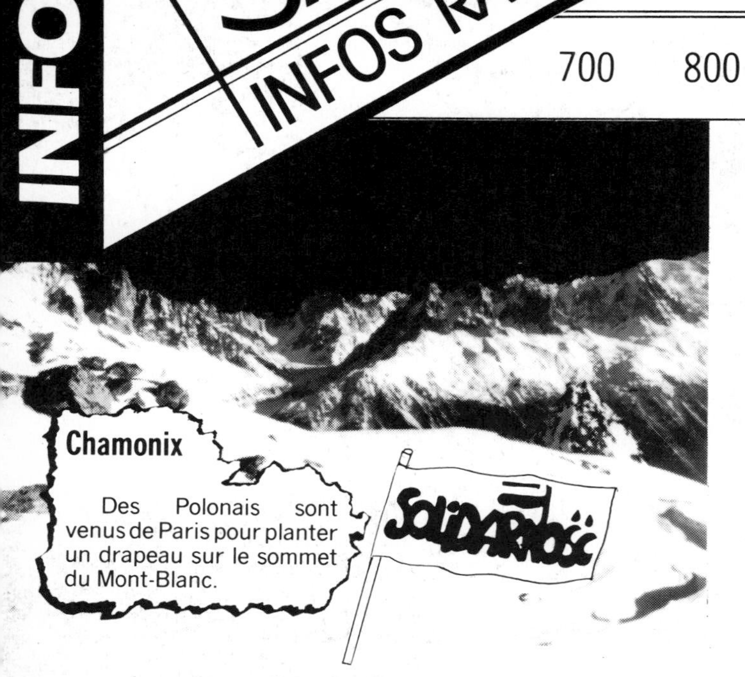

Chamonix

Des Polonais sont venus de Paris pour planter un drapeau sur le sommet du Mont-Blanc.

Lisez ces questions . . .

1. How many Polish people set off up the mountain?
2. What did they intend to put there?
3. Why?
4. What was the weather like?
5. Did they manage to reach the summit?
6. How high is Mont-Blanc?

. . . puis écoutez les informations. Répondez en anglais.

Pour vous aider	
le drapeau	the flag
malgré tout	in spite of everything
le toit de l'Europe	the roof of Europe

En Corse

Un touriste suisse mort de froid

Un accident dramatique s'est produit en Corse. Un touriste suisse est mort de froid pendant une promenade en montagne.

Lisez ces questions . . .

1. What happened to the Swiss tourist?
2. When did the accident happen?
3. Who found the body?
4. When?
5. Two days earlier a similar incident occurred. How many tourists died then?
6. How many Austrian tourists were there?

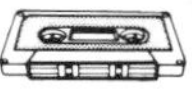

. . . puis écoutez les informations. Répondez en anglais.

Pour vous aider	
en Corse	in Corsica
de spectaculaires chutes de température	spectacular drops in temperature
mort de froid	died of exposure
le drame s'est produit	the drama occurred
Autrichiens	Austrians
une tempête de neige	a snow storm

Inondations dramatiques en France

Une pluie exceptionnelle a causé des inondations en Bourgogne.

Lisez ces questions . . .

1. Is the river Saône still rising?
2. What has been formed to help in Saône-et-Loire?
3. How many kilometres are flooded?
4. The river has flooded hundreds of ________?
5. Which motorway is involved?
6. Is the motorway cut off?

. . . puis écoutez les informations pour trouver plus de détails sur le désastre. Répondez en anglais.

Pour vous aider	
des inondations	floods
en Bourgogne	in Burgundy
un comité de crise	a crisis committee
de longueur	in length
des centaines	hundreds
presque	almost
coupée	cut off

HOLD-UP A FREJUS

Une station-service attaquée! Importante somme volée!

Samedi soir une station-service de Fréjus a été attaquée. Mais qu'est-ce qui s'est passé? Voici deux interprétations de la même attaque: une à la radio, et une dans un journal.

STUDIO S16

A LA RADIO A LA RADIO A LA RADIO A LA RADIO

Ⓐ Ecoutez d'abord le reportage à la radio . . .

Listen out for and make notes on

- how much money was stolen
- where the attack took place
- the time of the attack
- how many robbers there were
- what they were wearing

DANS LE JOURNAL DANS LE JOURNAL DANS LE JOURNAL DANS LE JOURNAL

Il y a 5 différences entre le reportage à la radio et le reportage dans le journal.

Trouvez les erreurs dans ce reportage. Notez-les en anglais.

Dans la nuit de samedi, un bandit a volé 650.000F dans une station-service à Fréjus. Le bandit est entré dans la station Esso — qui se trouve sur l'autoroute A 8, à la sortie ouest de Fréjus — samedi/dimanche après minuit.

l'employé, M. Faucon

M. Dominique Faucon, employé à la station, était dans son bureau: « J'ai été complètement surpris par un homme masqué. Je n'ai pas vu son visage, qui était recouvert d'un bas nylon. Il avait un pistolet et il a demandé à voir le coffre-fort. Et voilà — il est parti avec les 650.000F, et seul! »

Pour vous aider

une importante somme	a large sum of money
une audacieuse attaque	a daring attack
la sortie	the exit
des casques noirs	black crash helmets
le coffre-fort	the safe
un bas nylon	a nylon stocking
une bombe lacrymogène	a tear-gas bomb

Ⓒ Apprenez par coeur

un bandit a volé	a robber stole
un peu après minuit juste après minut	just after midnight
qu'est-ce qui s'est passé?	what happened?

Mardi, vers dix heures du soir, une femme a volé 100.000F dans une station-service à Cannes. Un reporter du journal *Nice Matin* a pris des notes sur l'incident.

Ecrivez le reportage pour le journal. Utilisez les notes:

mardi soir
vers 22 h
une femme
station-service
Cannes
à moto
Georges Laval:
« portait un casque blanc
complètement surpris
était armée d'une bombe lacrymogène
100.000 F »

SAUJON
Un jeune cycliste blessé

■ Une collision s'est produite mercredi soir vers 18 heures sur la RN 25 dans la commune de Saujon, entre un cycliste, Gilles Aune âgé de 9 ans, écolier, habitant à Saujon, et une voiture conduite par M. Marcel Beauchamp, 70 ans, domicilié à Royan.

Le jeune cycliste a été blessé et transporté à l'hôpital Malakoff à Saujon.

Répondez en anglais

1 When did the accident happen?
2 Where did it happen?
3 Who was hurt?
4 Where does the car driver live?
5 How old is the car driver?
6 How old is the cyclist?
7 Where was he taken?

Copiez en complétant

1 Une collision s'est produite ________.
2 Gilles Aune est ________.
3 Monsieur Beauchamp a ________.
4 Gilles a été transporté ________.
5 Gilles habite à ________.
6 Monsieur Beauchamp habite à ________.

Choisissez dans cette liste:
Saujon
70 ans
écolier
mercredi soir sur la RN 25
à l'hôpital Malakoff à Saujon
Royan

Pour vous aider

une collision s'est produite	a collision occurred
la RN 25 (la Route Nationale 25)	'main road' 25
dans la commune de	in the district of
un écolier	a schoolboy
conduite par	driven by
domicilié à	living in
il a été blessé	he was hurt

Un cyclomotoriste blessé dans un choc avec une voiture

Avant-hier, peu après 18 h, une automobile circulant le long du boulevard du Midi, en direction de l'Ouest, a heurté au carrefour du boulevard du Rivage, un cyclomoteur qui débouchait sur sa gauche.
Suite au choc, le cyclomoteur et la voiture ont arraché un piquet et la chaîne de protection des piétons.
Blessés dans l'accident, le pilote du deux roues...

Un piéton renversé par une automobile

Une automobile circulant avant hier le long du boulevard du Midi, en direction de l'Ouest, a heurté vers 15 h 30, un piéton qui traversait la chaussée sur le passage protégé aménagé à la hauteur de l'« Hacienda ».

LA SEYNE
Un automobiliste perd le contrôle de son véhicule : un mort et 2 blessés graves

A 4 h 45, entre La Seyne et Six-Fours-la Plage au col d'Artaud un automobiliste, M... ans, demeurant ... Toulon, ayant...

LA GARDE
Un véhicule tombe dans la forêt de la corniche varoise et met le feu aux garrigues

Incendie insolite que celui provoqué hier, corniche varoise, à hauteur de la plage du Jonquet par un véhicule, qui, tombant de la chaussée a pris feu et a communiqué les flammes aux broussailles et garrigues alentours.
On ne sait encore s'il s'agit d'un accident, car le conducteur n'a pas été retrouvé par les pompiers, où si l'on se trouve en présence d'une dissimulation de vol ou encore d'une escroquerie à l'assurance. 10.000 m2 ont été la proie des flammes.

Un cycliste se blesse en chutant sur la chaussée

Avant-hier matin, peu avant 11 h, sur le R.N.7, à la hauteur de la Batterie, une automobile a entraîné la chute de deux cyclistes en effectuant leur dépassement.
L'un d'e...

TOULON
Sur l'autoroute-est, trois blessés dans un carambolage de cinq voitures

A la suite d'un brusque ralentissement une collision en chaîne s'est produite hier, vers 17 h 30, sur l'autoroute-est de Toulon.
Cinq véhicules qui roulaient dans le sens Toulon-Nice se sont télescopés.
Cet accident a fait trois blessés...

Collision cyclo-auto

Un cyclomoteur circulant avant-hier, peu après 1 h 30, place Franklin-Roosevelt en direction du Moure-Rouge a heurté l'arrière d'un véhicule qui quittait, en marche arrière, son emplacement de stationnement perpendiculairement à la chaussée.
Souffrant d... diverses...

CYCLOMOTORISTE TUE A FAYENCE

Un terrible accident s'est produit à Fayence dans la nuit de samedi à dimanche, entre une voiture et un cyclomoteur.

Le cyclomotoriste, M. Serge Gabin, est mort. M. Gabin était sur son cyclomoteur dans une rue à sens unique, à Fayence, quand il est entré en collision avec une voiture circulant en sens inverse — une Citroën CX25, conduite par M. Charles Milhaud, habitant à Menton.

La violence du choc a coupé en deux le cyclomoteur, et M. Gabin a été jeté quelques mètres plus loin. Il laisse deux enfants.

Répondez en anglais

1. Was Monsieur Gabin driving a car or a moped?
2. How did the accident happen?
3. Which town does the car driver come from?
4. Give two facts which indicate the force of the accident.
5. How many children does Monsieur Gabin leave?

Choisissez la bonne réponse

1 Un terrible accident s'est produit . . .
- **a** à Menton
- **b** à Fayence
- **c** à Nice

2 Le conducteur de la Citroën était . . .
- **a** M. Gabin
- **b** mort
- **c** M. Milhaud

3 Les deux véhicules étaient . . .
- **a** dans une rue à sens unique
- **b** sur l'autoroute
- **c** sur la RN 7

4 M. Gabin était . . .
- **a** en voiture
- **b** à cyclomoteur
- **c** à moto

5 La Citroën circulait . . .
- **a** en sens inverse
- **b** plus loin
- **c** trop vite

Pour vous aider

un cyclomoteur	a moped
tué	killed
une rue à sens unique	a one-way street
en sens inverse	in the opposite direction
a coupé en deux	cut in two
il a été jeté	he was thrown
il laisse	he leaves

EN BREF

● **Le Président de Gambie,** Sir Dawada Jawara, est sorti indemne d'un accident d'hélicoptère mercredi en fin d'après-midi près de Banjul, a annoncé un communiqué du ministère gambien de l'information.

● **Un grave incendie** provoqué par la chute d'un câble électrique et qui s'est rapidement propagé à cause des vents soufflant à près de 100km/h a fait 1.500 sans-abri dans la région de Anaheim (Californie). Un état d'urgence a été déclaré.

● **La radio nord-coréenne** a fait mention hier de quatre actes de provocation de la part des forces sud-coréennes qui ont ouvert le feu à travers la zone démilitarisée après des incidents dans la région mercredi.

● **Le général Prem Tinsulanonda,** premier ministre de Thaïlande, est arrivé hier matin à Bruxelles (Belgique), première étape d'une tournée de dix jours en Europe.

Pour vous aider

en bref	in brief
indemne	unhurt
la chute	the fall
s'est propagé	spread
sans-abri	homeless
Bruxelles	Brussels
une étape	a stage
une tournée	a tour

Which countries?
Read the news items to find out where these events take place. (Give the names of the countries in English.)

1. Thai prime minister arrives for first stage of European tour
2. Four acts of aggression across demilitarised zone, claim northern forces
3. Lucky escape as helicopter crashes
4. State of emergency declared — hundreds homeless

IN BRIEF

Choose one news story which interests you. Rewrite it in English as if you are writing it for an English newspaper.

M E T E O

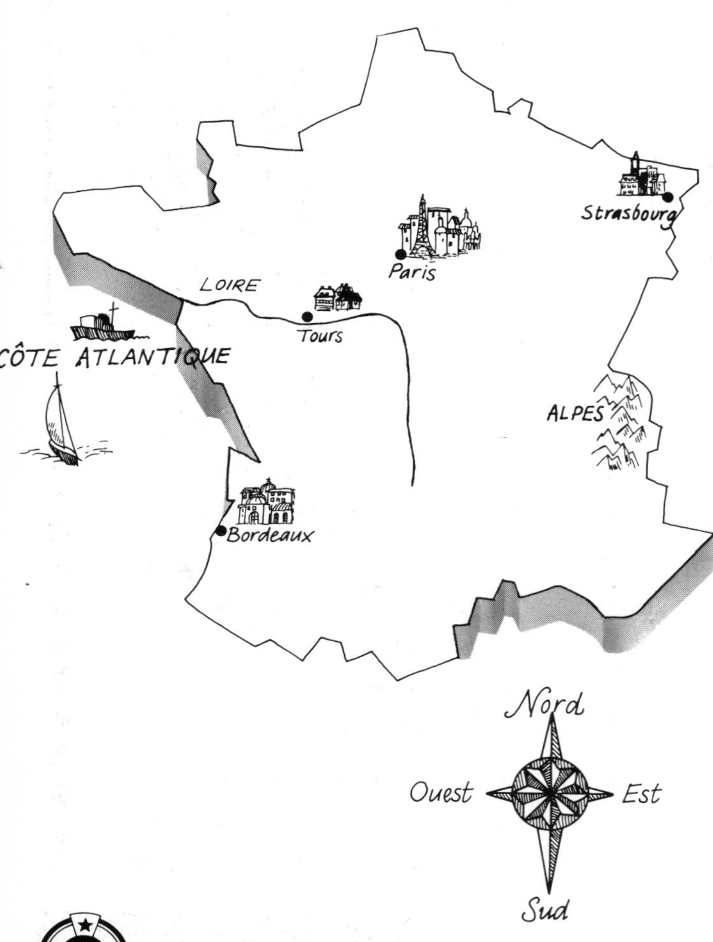

A Ecoutez la météo. Quel temps fait-il?

Région parisienne	?
Région de la Loire	?
Alpes	?
côte Atlantique	?

Choisissez dans cette légende:

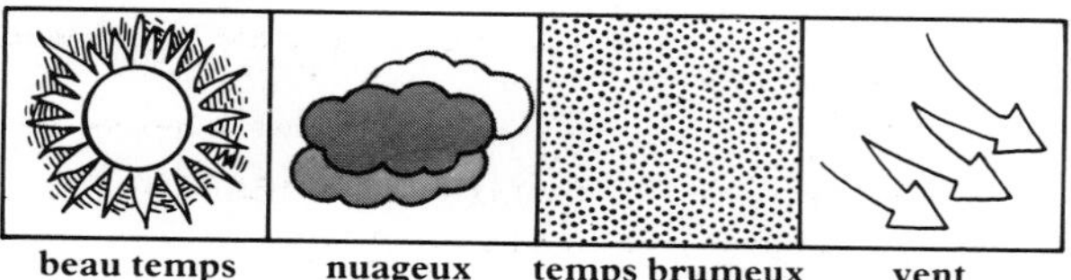

Et les températures?
Copiez en complétant

Paris	
Tours	
Strasbourg	
Bordeaux	

B Ecoutez encore une fois et écrivez les mots qui manquent:

1 Région parisienne: ____ et ____.
2 Sur la région de la Loire: ____ de nord à nord est.
3 Au sud des Alpes: ____.
4 A l'ouest sur la côte Atlantique: ____.

beau temps temps brumeux ciel gris beaucoup de vent nuageux

Lisez . . .

M E T E O

Météo

Soleil: lever 7 h 10; coucher 20 h 59
Samedi: Ensoleillé le matin, plus nuageux l'après-midi avec un risque d'averses isolées le soir.
Dimanche: Nuit claire, nombreux brouillards sur toutes les régions. Après les brumes matinales, temps ensoleillé l'après-midi. Températures 19°C mais quelques orages le soir.

. . . puis copiez en complétant:

	matin	après-midi	soir
samedi			
dimanche			

Lisez la météo encore une fois, puis répondez en anglais.

1 When would it be suitable to have a picnic this weekend?
2 You are thinking of organising a barbecue this Saturday evening. Is this wise in view of the weather?
3 How will the weather change on Sunday evening?

PAGE DE PUBLICITES

Ecoutez ces publicités. Quelles sortes de livres ou de magazines est-ce qu'on vous propose d'acheter? Répondez en français ou en anglais.

le guide AKAÏ
un grand nom
un guide passionnant

les guides AKAÏ
se vendent en librairies

LOISIRS POUR VOUS

200 pages en couleur
40 pages pour les Parisiens
tout ce qu'il y a de neuf, de bon, d'amusant à voir, à boire, et à manger!

la FAUNE

vendue dans 40 pays
un immense succès
traduite en 20 langues
vendue un mardi sur deux
65F chez votre marchand de journaux

Lisez, puis répondez en anglais.
Prix à gagner

Trouve les questions du grand concours Samos 99 sur les boîtes de fromage-crème. Tu as jusqu'au 31 août pour envoyer ta réponse. Bonne chance!

1 **a** What is Samos 99?
b If you wish to enter this competition, where will you find the questions?
c When is the closing date?

Comment gagner?

Pour participer, répondre avant le 1er septembre aux deux questions posées sur le bulletin-réponse.
Découpez-le et joignez à votre réponse deux paquets de SPRING GUM.
Adressez l'ensemble à Extension 21 Concours SPRING GUM
Cedex 7726-75310 Paris Brune

2 **a** What are the prizes to be won here?
b When is the closing date?
c What must you send with your answer form?

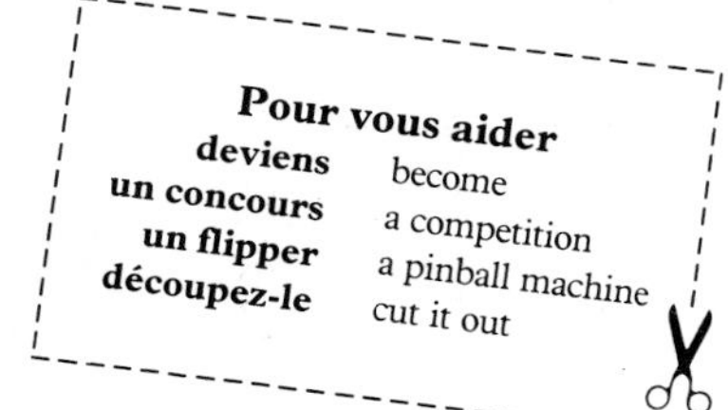

Pour vous aider

deviens	become
un concours	a competition
un flipper	a pinball machine
découpez-le	cut it out

QUELS METIERS?

Que voulez-vous faire plus tard?

A Ecoutez et lisez en même temps

Je voudrais voyager et rencontrer des gens.

Moi, je voudrais travailler avec des animaux et habiter à la campagne.

Je ne veux pas travailler dans un bureau. Je voudrais travailler en plein air.

Je ne sais pas encore. Mais je sais que je voudrais travailler. Mon frère est au chômage . . .

Moi, je voudrais travailler dans un hôtel, être propriétaire ou bien travailler à la réception.

Je ne sais pas exactement, mais je voudrais un métier dangereux et passionnant.

J'aime beaucoup la mer. Je voudrais faire un métier au contact de la mer — marin, peut-être.

Je voudrais entrer dans l'armée. Je ne veux pas rester au chômage.

B Nous avons fait venir un groupe de jeunes Français dans le studio et on leur a posé la question « *Que voulez-vous faire plus tard?* » Ecoutez

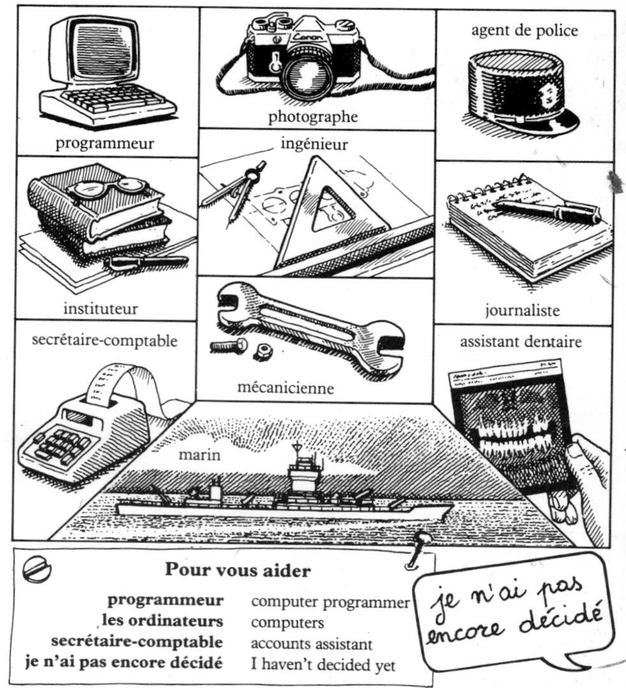

C Ecoutez et écrivez les mots qui manquent.
Quel métier voulez-vous faire plus tard si vous avez de la chance?

1. Je voudrais être ____, travailler avec les ordinateurs.
2. Moi, je voudrais être ____. Ça me plairait de prendre des ____ artistiques.
3. Et moi, je voudrais être ____. Je suis vigoureux, sportif, et je suis pour ____.
4. J'aime beaucoup les ____, alors je voudrais être ____ d'école maternelle.
5. Je voudrais être ____.
6. Moi, peut-être ____. J'aimerais aller dans différents pays.
7. Moi, je crois que je voudrais être ____. Je suis forte en maths.
8. Moi, peut-être ____.
9. Je voudrais faire un métier médical — ____, par exemple.
10. Moi, je voudrais être ____. Je voudrais faire de longs ____ et visiter beaucoup de pays.
11. Je n'ai pas encore ____. Je ne sais pas encore ce que je vais faire plus tard.

D Faites une liste de métiers.

ATTENTION! Quelquefois, il y a deux formes:

féminin	**masculin**
je suis mécanicienne	je suis mécanicien
assistante dentaire	assistant dentaire
institutrice	instituteur

QUELS METIERS?

E TALKBACK

Demandez

F Qui suis-je?

1 Je m'occupe d'ordinateurs.
Je suis ________.

2 Je travaille chez le dentiste.
Je suis ________.

3 Je fais des reportages et j'aime voyager dans tous les pays.
Je suis ________.

4 Je m'occupe des enfants.
Je suis ________.

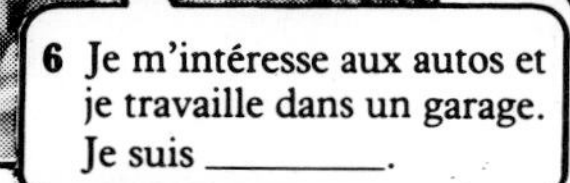

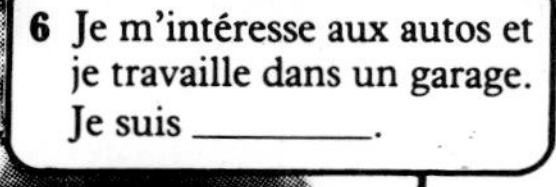

5 Je fais des comptes.
Je suis ________.

6 Je m'intéresse aux autos et je travaille dans un garage.
Je suis ________.

7 Je fais de longs voyages sur mer.
Je suis ________.

8 Je prends beaucoup de photos.
Je suis ________.

G Encore des métiers . . . Trouvez les mots en anglais qui correspondent.

1 **EMPLOYEE DE BUREAU**
EMPLOYE DE BUREAU
On travaille dans un bureau.
On travaille 39 h par semaine.

2 **AIDE DE LABORATOIRE**
C'est un métier scientifique, un travail intéressant.

3 **PLOMBIER**
C'est un métier salissant mais très bien payé.

4 **HOTESSE DE L'AIR** **STEWARD**
On voyage partout.
C'est bien payé mais fatigant.

5 **INFIRMIERE** **INFIRMIER**
On soigne des malades et on aide le docteur.
C'est un métier médical.

6 **COIFFEUSE** **COIFFEUR**
On est indépendant. On peut avoir son propre salon.
C'est un métier artistique.

plumber	hairdresser	office clerk	nurse
laboratory technician		air hostess/steward	

H Apprenez par coeur
Faites une liste de tous les noms de métiers à la page 104 et à la page 105.

1 Etudiez la liste pendant une minute.
2 Couvrez la liste.
3 Ecrivez les noms de métiers dans votre cahier.
4 Vérifiez-les.

QUELS METIERS?

Pour vous aider

c'est un métier plein d'avenir	it's a job with prospects
il faut être au courant	you must keep up to date
le travail en équipe	team work
fatigant	tiring
taper à la machine	to type
la mort	death
inquiète	worried
soigner les malades	to look after the sick
horaires	hours of work
horaires lourds	long hours
souples	flexible
ennuyeux	boring
l'avenir	the future

ADMINISTRATIF

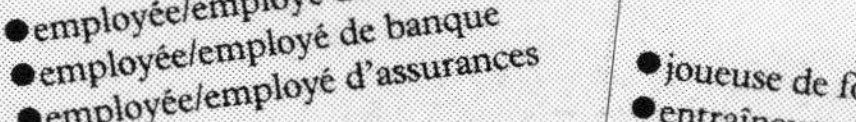

- employée/employé de bureau
- employée/employé de banque
- employée/employé d'assurances

SPORT

- joueuse de football/joueur de football
- entraîneuse d'équipe sportive/entraîneur d'équipe sportive
- jockey
- nageuse/nageur

SECRETARIAT

- dactylo
- sténodactylo
- secrétaire-comptable
- secrétaire bilingue

AUTOMOBILE

- conductrice routière/conducteur routier
- pilote de course
- mécanicienne automobile/mécanicien automobile

1 **Pour chaque métier il y a *le pour . . .* et *le contre.***

Ces jeunes Français donnent leur opinion sur leur métier. Lisez.

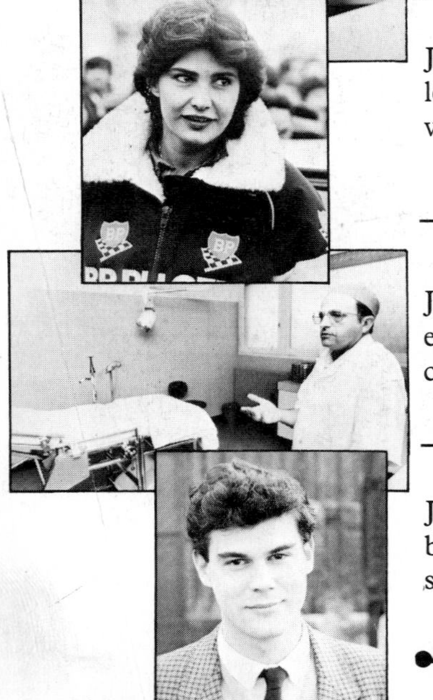

POUR	CONTRE
Je suis opératrice sur ordinateur. J'aime travailler avec les ordinateurs. C'est intéressant et c'est un métier plein d'avenir.	Mais . . . la technologie, ça change très vite. Il faut toujours s'adapter et il faut être au courant!
Je suis joueur de football. C'est un travail dynamique. J'aime utiliser ma force physique et j'aime surtout le travail en équipe.	Mais . . . c'est très fatigant, et souvent on ne peut pas continuer après 30 ans!
Je suis dactylo. J'aime travailler dans un bureau. C'est une façon agréable de gagner sa vie.	Mais . . . taper à la machine, ça donne mal à la tête . . . et rester assis, ça donne mal au dos!
Je suis pilote de course. J'aime les courses de voiture et rouler très vite. J'aime aussi le risque et le danger.	Mais . . . c'est très dangereux. On joue avec la mort et la famille est toujours inquiète.
Je suis infirmier. J'aime soigner les malades et aider le docteur. J'aime être en contact avec le public.	Mais . . . ce sont des horaires très lourds.
Je suis employé d'assurances. On rencontre beaucoup de gens et les horaires sont souples.	Mais . . . c'est un peu ennuyeux. C'est toujours la même chose!

QUELS METIERS?

Pour vous aider

informatique	information processing
entraîneur d'équipe sportive	team coach
dactylo	typist
sténodactylo	shorthand typist
secrétaire bilingue	bilingual secretary
conducteur routier **conductrice routière**	lorry driver
pilote de course	racing driver

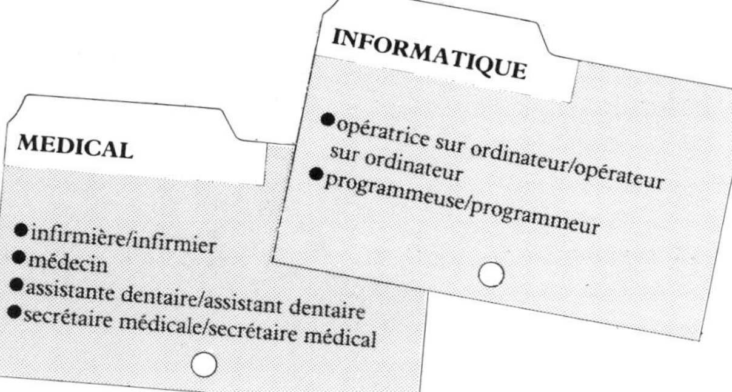

Trouvez les mots français pour . . .

1 bilingual secretary
2 doctor
3 computer operator
4 lorry driver
5 team coach
6 shorthand typist
7 nurse
8 insurance clerk
9 car mechanic
10 medical secretary

C'est quel métier?

1 Travailler dans les hôpitaux, les cliniques, s'occuper des malades
2 Travailler dans un bureau, taper les lettres à la machine, répondre au téléphone
3 Aider le dentiste et soigner les gens qui ont mal aux dents
4 Conduire des voitures de course
5 Travailler dans un garage et réparer les autos
6 Travailler avec des ordinateurs, les programmer
7 Rencontrer beaucoup de gens et travailler dans une banque

TALKBACK
Posez la question

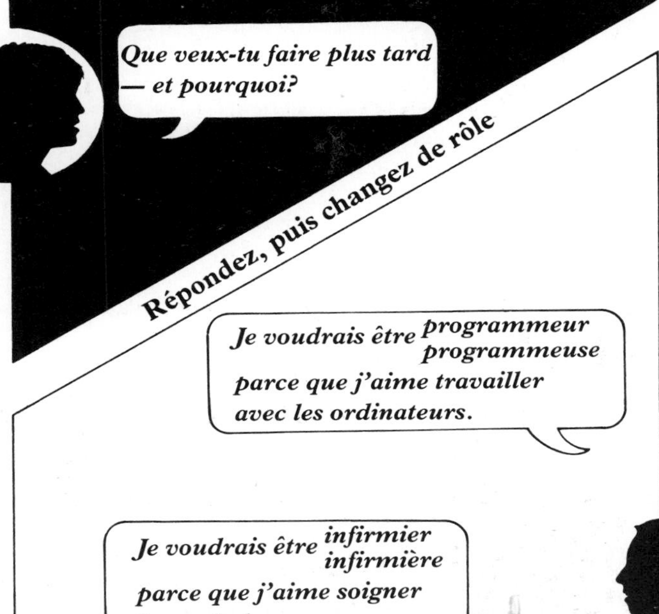

Voici une photo d'un groupe de jeunes Français. Ils pensent à l'avenir. Imaginez une réponse pour chaque personne, puis écrivez toutes les réponses.

Que voulez-vous faire plus tard?

Ecoutez notre émission *Parlez de votre métier*, où trois jeunes gens — Aziz, Patricia et Marc — parlent de leur travail.

Quels sont les horaires? Quels sont les avantages? Et quels sont les inconvénients? Ecoutez bien et notez-les dans votre cahier en anglais. Ecoutez plusieurs fois si vous voulez.

Nom et profession	Durée du travail	Avantages	Inconvénients
Aziz réceptionniste			
Patricia maître nageur			
Marc représentant de voitures			

Pour vous aider

maître nageur	swimming coach
représentant de voitures	car sales rep.

Psycho-Test

Connais-toi toi-même *(Socrate)*

Quel métier pour moi?

1 J'aime travailler en équipe

OUI ☐ NON ☐ POINTS____

2 Je n'ai pas beaucoup de patience

OUI ☐ NON ☐ POINTS____

3 J'ai beaucoup d'énergie

OUI ☐ NON ☐ POINTS____

4 Je déteste la médecine

OUI ☐ NON ☐ POINTS____

5 Mes amis disent qu'ils ont confiance en moi

OUI ☐ NON ☐ POINTS____

6 J'ai peur de prendre des responsabilités

OUI ☐ NON ☐ POINTS____

7 Je suis très attentif(ive) aux autres

OUI ☐ NON ☐ POINTS____

8 Le changement me décourage, je préfère la régularité

OUI ☐ NON ☐ POINTS____

9 Les gens me trouvent très sympathique

OUI ☐ NON ☐ POINTS____

10 Il me faut des résultats rapides, sinon je suis très vite découragé(e)

OUI ☐ NON ☐ POINTS____

Comptez un point par réponse ***OUI*** aux questions impaires (1 3 5 7 9)
Comptez un point par réponse ***NON*** aux questions paires (2 4 6 8 10)

TOTAL DES POINTS____

Pour vous aider

j'ai peur	I am afraid
aux autres	to others
le changement	change
me décourage	depresses me
sinon	or else
découragé découragée	depressed
vous vous entendez bien	you get on well
équilibré équilibrée	balanced

Résultats du test

De 0 à 3 points:
Vous êtes indépendant(e) mais un peu trop timide et réservé(e). Il faut avoir plus de confiance en vous. Cherchez un métier dans le commerce, employé(e) de bureau par exemple; ou, si vous êtes fort(e) en maths, comptable.

De 4 à 6 points:
Vous êtes sympathique et vous avez beaucoup d'énergie. Vous vous entendez bien avec les gens aussi. Pensez à travailler avec de jeunes enfants.

De 7 à 10 points:
Vous êtes bien équilibré(e) et vous êtes idéaliste et réaliste. Cherchez un métier où vous pouvez rapidement prendre des responsabilités — par exemple, ingénieur, architecte ou journaliste.

CHERCHE-EMPLOI

Pour vous aider

Quimper	Quimper (a town in Brittany)
formation	training
salaire	salary
logé et nourri	with board and lodgings
bilingue	bilingual
en équipe	in a team
(tout) de suite	immediately

Ecoutez l'émission *Cherche-emploi* au STUDIO 16.

Vous allez entendre des petites annonces. Ce sont des offres d'emploi. Notez les détails. (On répète les annonces.)

CHAUFFEUR D'AMBULANCE

Heures de travail
Age
Expérience
Formation
Salaire
Numéro de téléphone

SERVEUSE
SERVEUR

Hôtel, situé
Age
Commence
Finit
Expérience
Ecrire avec

SECRETAIRE BILINGUE

Ville
Parlant et écrivant
Commence
Expérience
Heures
Vacances
Ecrire avec

VENDEURS ET VENDEUSES DE MAGAZINES

Région
Expérience
Age
Formation
Commence
Salaire par mois
Numéro de téléphone

Lisez cette lettre et notez les détails:

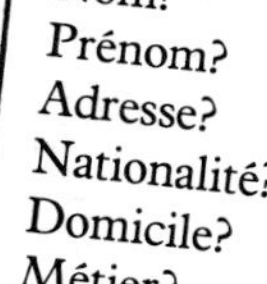

Nom?
Prénom?
Adresse?
Nationalité?
Domicile?
Métier?

23 rue du Château
ALBI

le 5 février

Madame/Monsieur,

Suite à votre petite annonce à la radio hier, je vous présente ma candidature pour être serveur dans votre hôtel.

Je m'appelle Youcef Malek. Je suis algérien mais j'habite en France, à Albi, depuis vingt ans. Il y a trois ans, j'ai commencé à travailler pendant l'été à l'Hôtel du Commerce, à Albi, comme serveur. Ce métier me plaît.

J'espère recevoir une réponse positive de votre part.

Veuillez agréer, Madame/Monsieur, l'assurance de mes sentiments dévoués,

Youcef Malek

Pour vous aider

il faut donner des renseignements sur vous	you must give details about yourself
propre	own
célibataire	single
CAP (Certificat d'Aptitude Professionnelle)	diploma obtained after vocational training
plâtrier/peintre	plasterer/painter
stage de formation	apprenticeship

Pour répondre à une offre d'emploi . . .

Quand vous vous présentez pour un poste, il faut donner des renseignements sur vous. C'est un CURRICULUM VITAE.

Lisez ce CV de Michel Parquet puis, dans votre cahier, faites votre propre CV.

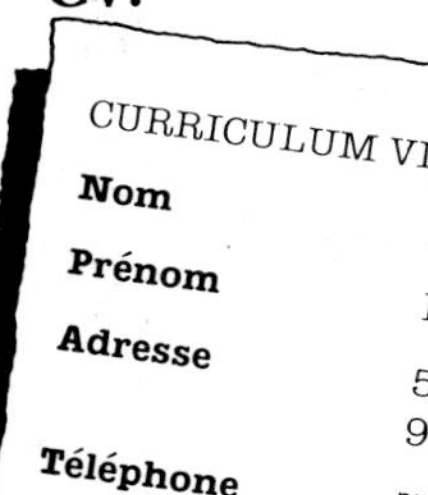

CURRICULUM VITAE

Nom	Parquet
Prénom	Michel
Adresse	5, allée de l'Arbre, 94623 Fresnes
Téléphone	777.06.30
Date et lieu de naissance	le 5 juin 1968 à la Martinique
Nationalité	française
Situation de famille	célibataire
Situation sociale	étudiant

Formation professionnelle
1984 CAP — plâtrier/peintre

Expérience professionnelle:
1985 stage de formation de plâtrier/peintre à Lyon

Divers:
capitaine de l'équipe de football
joueur de guitare

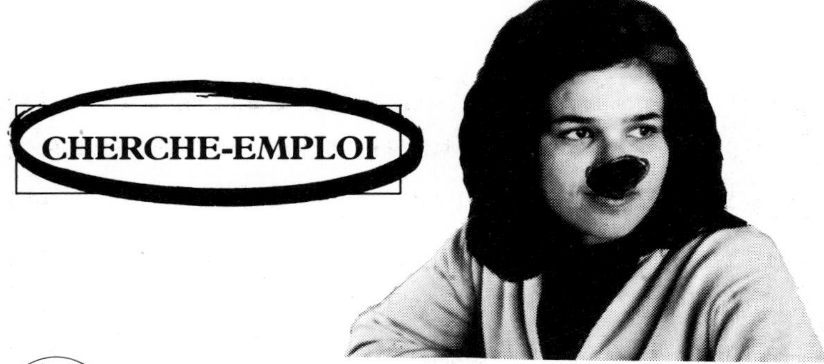

CHERCHE-EMPLOI

Supermarché — MONOPRIX
cherche JF/JH région Grenoble,
emploi plein-temps de superviseur de caisses.
Envoyer CV et env. timbrée à votre adresse pour réponse.
Ecrire: Supermarché MONOPRIX
Place Grenette 38000 GRENOBLE
MONOPRIX

Aïcha Planel habite au Maroc. Elle cherche un emploi en France. Elle répond à cette offre d'emploi.

Lisez sa lettre puis répondez aux questions.

Madame/monsieur,

Suite à votre petite annonce dans votre journal du 27 septembre, je vous envoie quelques renseignements à mon sujet pour obtenir l'emploi de superviseur de caisses que vous proposez.

Je suis libre tout de suite car je suis au chômage. Le supermarché de Casablanca où je travaillais a fermé. Je m'appelle Aïcha Planel. Je suis marocaine et je suis née le 26 octobre 1965, à Fez. J'ai un CAP de vendeuse et j'ai occupé le poste de superviseur de caisses à Casablanca pendant six mois. Je suis honnête et travailleuse et j'ai un contact facile avec le public. Je vous envoie une lettre de recommandation de mon ancien employeur et aussi une enveloppe timbrée à mon adresse.

Veuillez agréer, madame/monsieur, l'assurance de mes sentiments dévoués,

Aïcha Planel

Aïcha Planel

1 What job is Aïcha applying for?
2 In which town is it?
3 What must she send if she applies for the job?
4 When did she see the job advertised?
5 Why doesn't she have a job at the moment?
6 Where and when was she born?
7 How long did she hold her previous job?
8 She mentions three qualities she has. What are they?

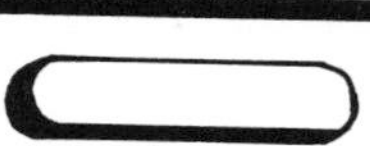

Pour vous aider

suite à	in reply to
quelques renseignements à mon sujet	some information about myself
l'emploi de superviseur de caisses	the job as a cash desk supervisor
libre	free
où je travaillais	where I used to work
honnête	honest
travailleur / travailleuse	hard-working
passer mes examens	to take my exams

Copiez en complétant

1 Aïcha Planel habite au ______.
2 Elle cherche un emploi en ______.
3 Elle a vu l'annonce dans un ______.
4 Elle est née le ______.
5 Elle a un _____ de vendeuse.
6 Elle a occupé le poste de superviseur de caisses pendant ______.
7 Elle est ______ et travailleuse et elle a un contact ______ avec le public.

Répondez

1 Où habite Aïcha Planel?
2 Où est-ce qu'elle veut travailler?
3 Pourquoi est-elle libre en ce moment?
4 Elle est de quelle nationalité?
5 Qu'est-ce qu'elle a comme diplôme?

G

- **Camping région Rouen,** recherche saison été étudiants, notions anglais, pour accueil et surv. piscine, tennis, sanitaire, friterie, apport. sa tente, minimum 3 000F nourri. Gentillesse et honnêteté requises. Camping la Malmaison, 76750 Pierreval. *tél. (35) 34.91.53*

Champel

A vendre e…

apparte…

rénover, … pièces do… 4 chambres (170 m²), bureau pos…

Fr. 625 000.

Ecrire…

What is wrong with each of these statements?

1. This advert is about a vacancy at a factory near Rouen.
2. The advert is asking for qualified workers.
3. The job is for the winter season.
4. The successful candidates must be able to speak Spanish.
5. The maximum salary is 4,000F.

H

Lisez cette offre d'emploi.

Vous décidez de présenter votre candidature. Ecrivez une lettre à Monsieur Thénin.

- Jeune couple av. 2 enfants (3 et 7 ans) région Paris, cherche JF/JH au pair aimant les enfants, pour un an minimum. Pour tous renseig. écrire en français à M Thénin, 114 rue Marie-Claire, Anthony, Paris. Envoyer lettre avec CV.

Monsieur, le 19

Suite à votre annonce, je voudrais obtenir un poste dans votre *restaurant/compagnie/famille.*

Je m'appelle . Je suis né/née **le**

J'ai ans. L'année prochaine, je vais *passer mes examens/travailler en France/rester à l'école.* **Je cherche un emploi en France pour** *quelques jours/deux semaines/un an/l'été.* **Je m'intéresse aux** *films/enfants/animaux.*

Je suis *sérieux/sérieuse/honnête/malhonnête/travailleur/travailleuse/sympathique.*

J'envoie *un curriculum vitae/une carte postale/un télégramme.*

Je vous prie d'agréer, monsieur, l'expression de mes sentiments distingués.

J

Apprenez par coeur

Suite à votre petite annonce	In reply to your advertisement
Je vous envoie quelques renseignements à mon sujet	I am sending you some details about myself
Je cherche un emploi	I am looking for a job
Veuillez agréer, monsieur/madame, l'expression de mes sentiments distingués	Yours faithfully

I

Imaginez que vous cherchez un travail pour les vacances en France. Choisissez l'offre qui vous plaît. Ecrivez une lettre de demande d'emploi.

■ **CHERCHE jeunes gens** pour ramasser des pêches dans la vallée du Rhône de juillet à fin août. M Poirier, La Vallée, *26000 Valence.*

■ **CHERCHE personne** pour faire ménage. 2h/jour fin juillet fin août. Mme Poulin, Les 3 Maisons, 69000 *Lyon*

Cherchons, **URGENT,** mission longue durée

appareilleurs sanitaire ferblantiers maçons menuisiers ébénistes monteurs **téléphone**

☎ **32 55 44.** 5501 - 1242

Cherchons

vendeur

PHOTO-CINE-HI-FI

Connaissances de langues. Salaire selon capacités.

Ecrire, avec curriculum vitae, sous chiffre **P18-40756, à Publicitas, 1211 Genève 3.** 5037

■ **HOTEL RESTAURANT** LE JAMBON à St Malo cherche apprenti/apprentie cuisine et service pendant la saison touristique.

C.R. SPILLMAN S.A., 34, chemin de la Mousse Chêne-Bourg

■ **CHERCHE** du 1er juillet au 1er septembre jeune fille/garçon 16/18 ans pour garder 2 enfants (2 et 4 ans) et seconder dans la maison 5 jours par semaine, logé, nourri CV M Weil, Domaine La Cigale, 38000 Grenoble

GIROD cherche **manœuvres** Salaire élevé. Suisse ou permis C. ☎ **32 69 29** 5136 - 2278

☎ **45 66 77.** 5138 - 3711

Nous cherchons **une jeune fille pour aider dans le ménage. Nous sommes une famille avec 3 enfants (6, 7 et 8 ans)**

■ **La Propriété Beaujolaise** cherche jeunes gens pour les vendanges, sept. et début octobre. Ecrire à la Propriété Beaujolaise, *69100 Villefranche sur Saône.*

Trouver un job

Trouver un job — ce n'est pas facile. Comment le faire?

Salut! Je m'appelle Sophie. J'ai seize ans. La semaine dernière, je suis allée à ma cinquième entrevue et cette fois . . . hourrah! Voilà . . . j'ai un emploi!

Je vais vous donner des conseils . . .

Lisez cette liste:

Il faut vérifier l'heure
Il faut trouver l'endroit sur un plan
Il faut arriver de bonne heure
Il faut être bien soigné
Il ne faut pas fumer
Il faut préparer vos réponses à l'avance
Il faut poser une ou deux questions

Link-up

Trouvez les équivalents en français pour:

You must arrive early
You must look neat and tidy
You must prepare your answers beforehand
You must find the place on a map
You must not smoke
You must ask one or two questions
You must check the time

Maintenant écoutez Sophie qui nous parle de son entrevue.

Il faut vérifier l'heure.
Il faut vérifier l'endroit.
Il faut être bien soigné.

Je suis arrivée de bonne heure.
J'ai voulu fumer une cigarette.
J'ai pris des notes.

Vrai ou faux?

1 Ce matin-là, je suis arrivée en retard.
2 J'ai voulu fumer une cigarette.
3 En attendant, j'ai regardé le journal.
4 Quand je suis entrée dans le bureau, le directeur m'a serré la main.
5 Il m'a offert une cigarette.
6 Je l'ai refusée.
7 J'avais mal au dos.

Corrigez les phrases incorrectes.

Trouver un job

Composez et écrivez des phrases:

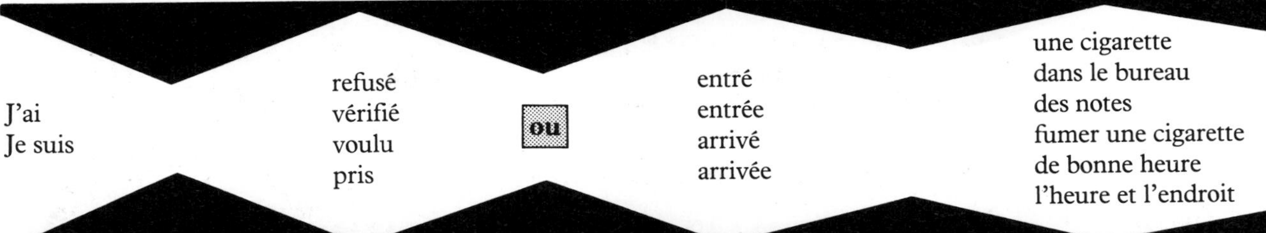

Apprenez par coeur

d'abord	first of all
après une heure	after an hour
plus tard	later
très tôt le matin	very early in the morning
ensuite	then
après l'entrevue	after the interview
à l'avance	in advance

TALKBACK

Posez cette question à Sophie

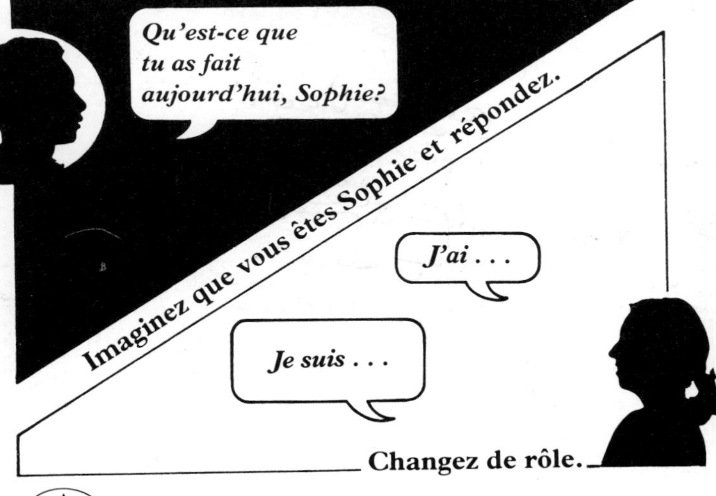

TALKBACK

Vous êtes le directeur. Posez ces questions:

Ecoutez l'entrevue encore une fois.
Voici les questions qu'on a posées à Sophie:

1 Vous avez quel âge?
2 Qu'est-ce que vous aimez étudier au collège?
3 Quels sports faites-vous?
4 Pourquoi voulez-vous travailler comme réceptionniste dans un garage?
5 Savez-vous taper à la machine?
6 Avez-vous des ambitions?
7 Avez-vous des questions à me poser?

Qu'est-ce que Sophie a répondu? Ecrivez ses réponses en français ou en anglais.

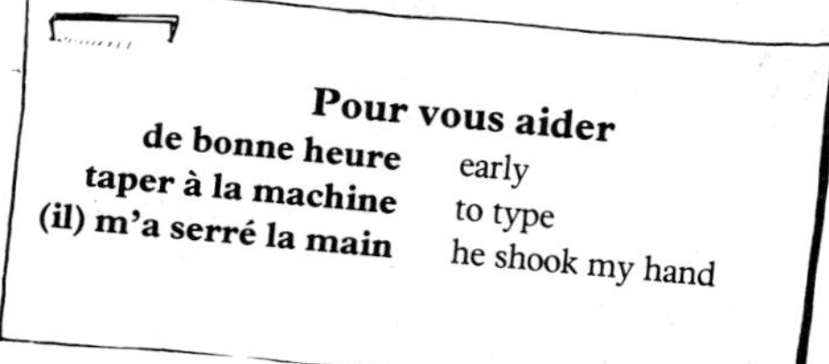

LES RISQUES DU METIER

Voici des extraits de journaux au sujet des ACCIDENTS DU TRAVAIL. Lisez ces extraits. (Ce n'est pas grave si vous ne comprenez pas tous les mots.)

Un apiculteur de Bretagne tué par ses abeilles

Un apiculteur de Bretagne, M Alfred Arnould, est décédé vendredi à l'hôpital de Bar-le-Duc, où il avait été admis jeudi dernier à la suite d'un malaise cardiaque consécutif à plusieurs piqûres d'abeilles. Domicilié à Jouy-sous-les-Côtes, M Arnould, 89 ans, était un ancien boucher qui s'était passionné pour l'apiculture, qu'il pratiquait depuis de nombreuses années.

VIOLENT INCENDIE DANS UNE FABRIQUE

Un incendie a éclaté dimanche vers 3 h 30 du matin, rue des Falaises à Genève dans le quartier de la Jonction. Pendant deux heures, ce désastre a ravagé trois étages de la fabrique de montres et briquets. Il y avait 103 sapeurs professionnels et 60 volontaires. Pas de blessés. Quatre personnes sont mortes.

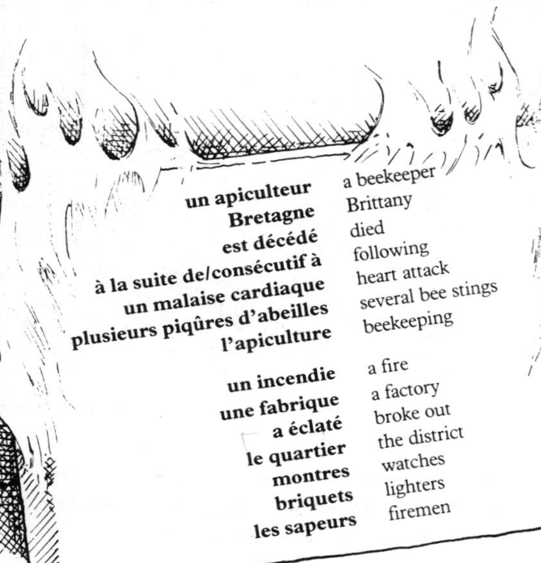

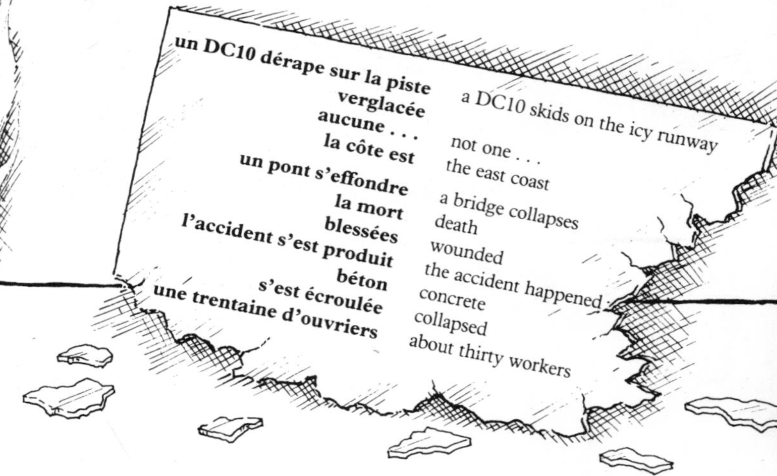

Quel titre va avec chaque histoire?

1. **Epais brouillard, avion s'écrase**
2. **Pont s'effondre, ouvriers morts**
3. **Un vieil homme tué par ses abeilles**
4. **Usine ravagée par un feu violent**

a the story about a bridge
b the story about a fierce fire
c the story about an airliner
d the story about a beekeeper

Pour *chaque* histoire . . .

a PONT EN CONSTRUCTION
b VIOLENT INCENDIE
c DC10 DERAPE
d APICULTEUR TUE

. . . répondez à ces questions en anglais:

1. Where did the accident take place?
2. Were there any casualties? If so, how many?
3. What happened?

BOSTON: un DC10 dérape sur la piste verglacée — aucune victime

■ Un DC10 de la compagnie World Airways ayant 208 passagers à son bord a dérapé sur la piste verglacée de l'aéroport de Boston-Logan, aux Etats-Unis, samedi soir. La piste s'était transformée en une véritable patinoire sous une pluie fine et un épais brouillard. L'accident, le deuxième en quinze jours sur la côte est des Etats-Unis, n'a fait aucune victime.

Le DC10 après l'accident

Pont en construction s'effondre près de Chicago

15 morts 16 blessés

Quinze personnes ont trouvé la mort et seize autres au moins ont été blessées jeudi lorsqu'un pont routier en cours de construction s'est partiellement effondré.

L'accident s'est produit à l'est de Chicago le long du canal entre Chicago et Hammond.

Une section de 137 mètres de béton s'est écroulée alors qu'une trentaine d'ouvriers travaillaient sur ou sous le pont.

Corrigez les phrases

1 Seize personnes sont mortes et quinze autres blessées.
2 Il y avait une vingtaine d'ouvriers sur et sous le pont.

3 Un incendie a éclaté mardi, vers trois heures trente du matin.
4 Le feu a ravagé quatre étages de la fabrique.
5 C'est une fabrique de chaussures.
6 Il y avait cent sapeurs et cinquante volontaires.

7 Lundi soir, aux Etats-Unis, un DC10 a dérapé.
8 C'est le dixième accident en quinze jours.

9 M. Arnould est mort à la maison.
10 M. Arnould était un ancien boulanger de 89 ans.

Trouvez des équivalents en français pour les mots soulignés. Cherchez dans les textes.

exemple:
15 personnes sont mortes
15 personnes ont trouvé la mort

1 L'accident s'est passé à l'est de Chicago

2 Un incendie s'est déclaré dimanche vers 3 h 30
3 Ce désastre a détruit trois étages de la fabrique

4 L'accident est le deuxième en deux semaines
5 Pas de victimes

6 M. Arnould est mort
7 Après un malaise cardiaque
8 Habitant de Jouy-sous-les-Côtes
9 Depuis beaucoup d'années

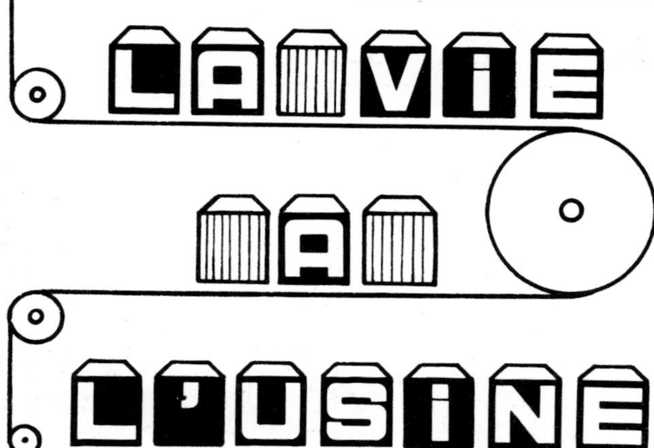

La vie à l'usine

Ecoutez et lisez l'interview avec Isabelle, qui travaille dans une usine.

Je pense à autre chose!

Isabelle, où travaillez-vous?

En ce moment, je travaille dans une usine de radios et téléviseurs. Je suis emballeuse. Je fais neuf heures de travail par jour à vingt francs de l'heure. Ce n'est pas beaucoup!

Que faites-vous exactement?

Eh bien, les télés arrivent . . . un poste toutes les deux minutes. Je mets les télés dans de grands cartons. Ce sont des téléviseurs portables, pas trop lourds.

Il n'est pas possible de s'absenter . . . de s'arrêter, même pour aller aux toilettes. Quand je veux aller aux toilettes, je demande la permission . . . comme à l'école!

Il y a toujours de la musique. Et pendant le travail, ça m'aide à penser à autre chose!

Après l'école, qu'avez-vous fait?

Je suis sortie du lycée technique. Je suis restée deux mois sans trouver de travail. J'ai cherché du travail dans une autre usine. Je suis qualifiée pour être technicienne. J'ai passé le CAP au lycée. Mais quand on a vu que j'étais algérienne, on a dit: «Non!»

C'est difficile pour les jeunes, pour les femmes, et surtout pour les étrangers!

Vous n'aimez pas l'usine?

Je n'aime pas l'usine. La fatigue est difficile à décrire. Quand je quitte l'usine à six heures, je crois que je ne suis pas fatiguée. Mais une fois rentrée chez moi, assise dans le salon, je ne peux même pas regarder les variétés à la télé — je suis si fatiguée.

A l'usine, il y a des femmes qui ont des crises de nerfs . . . Et trente minutes après, quelqu'un prend leur place. Le chômage nous force à une sorte d'acceptation.

Et l'avenir?

Moi, je suis fille d'ouvrier. Je sais que, face au patron, les ouvriers doivent se défendre. Mais je ne sais pas comment faire! Et je suis toujours si fatiguée.

Et maintenant, pour le moment, pendant le travail, quoi . . . je pense à autre chose!

Merci, Isabelle.

TALKBACK

Vous êtes le reporter. Posez les questions

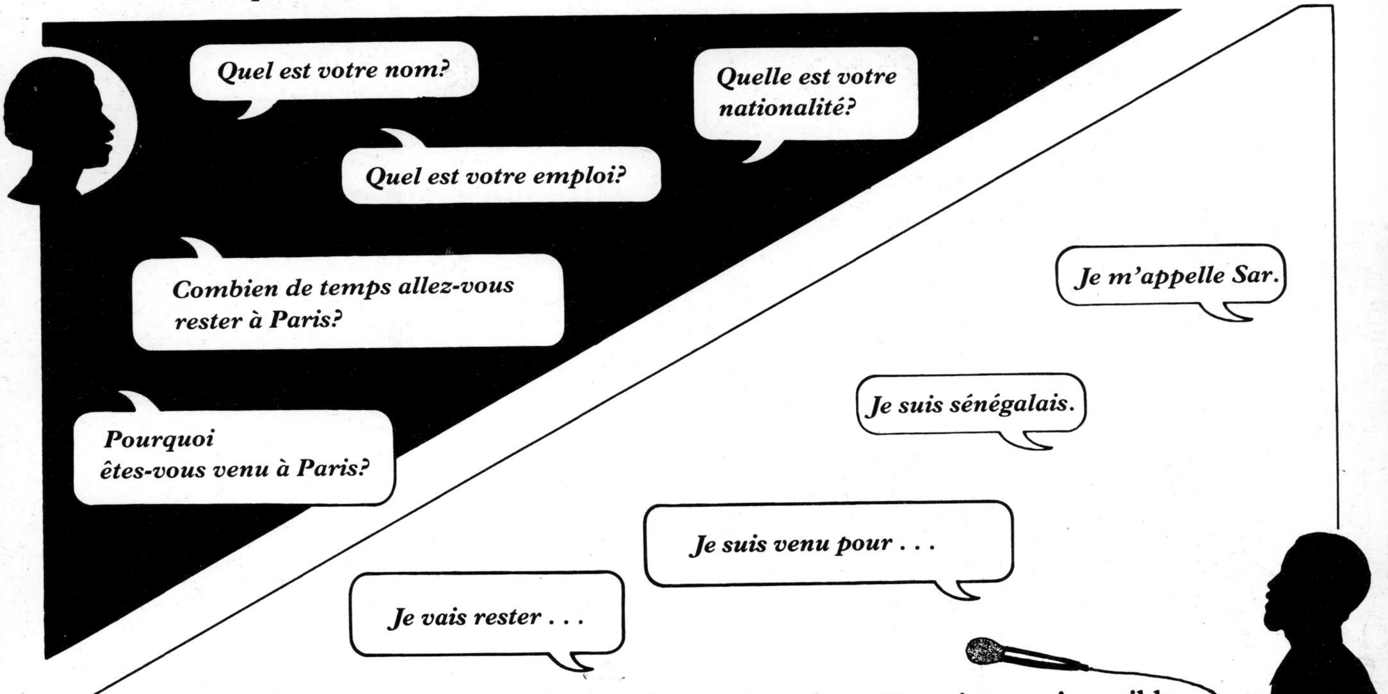

Quel est votre nom?

Quelle est votre nationalité?

Quel est votre emploi?

Combien de temps allez-vous rester à Paris?

Pourquoi êtes-vous venu à Paris?

Je m'appelle Sar.

Je suis sénégalais.

Je suis venu pour . . .

Je vais rester . . .

Regardez les notes du reporter et répondez aux questions. Enregistrez, si possible

Ecrivez un paragraphe sur ces personnes.

exemple:

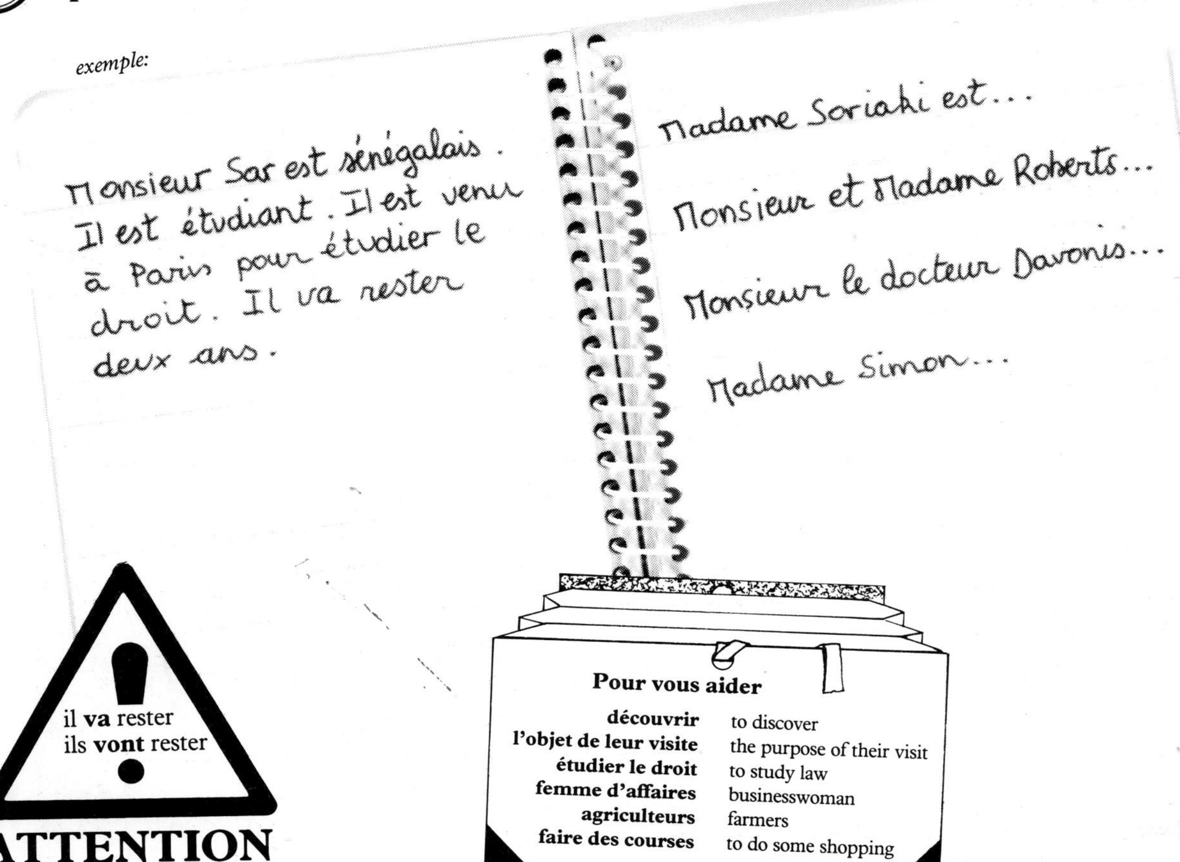

Pour vous aider

découvrir	to discover
l'objet de leur visite	the purpose of their visit
étudier le droit	to study law
femme d'affaires	businesswoman
agriculteurs	farmers
faire des courses	to do some shopping

il **va** rester
ils **vont** rester

ATTENTION

FIN

SUITE DE LA PAGE 97

Lisez l'histoire, puis répondez à ces questions en anglais:

1 What happens when the four friends first get to the Théâtre Impérial?
2 What does Leila wonder?
3 Why doesn't Alpha want to deliver leaflets in the Boulevard des Ormes?
4 Who gets back to the theatre first?
5 Why is Alpha late?
6 And Leila?

Le lendemain matin, les quatre copains sont arrivés de bonne heure au Théâtre Impérial. Mais ils n'ont vu personne. Ils ont attendu dix minutes.

— *Ecoutez, j'en ai marre!* a crié Alpha.

— *Moi, je me suis levé à six heures et demie ce matin, et je n'aime pas ça!* a dit Alain.

— *Moi non plus,* a dit Florence. *Il fait du vent et j'ai froid! Cette dame, où est-elle?*

— *Je me suis trompée d'heure, peut-être . . .* a dit Leila.

A ce moment-là, une voiture s'est arrêtée et la dame du Monoprix est descendue. Elle a crié: *Ah, bonjour, vous voici. C'est formidable!*
— *Je m'appelle Nadine Delarue.*

Les copains se sont présentés.

— *Bon,* a dit Nadine . . . *Maintenant, pour la distribution: Florence, tu vas faire la rue Montaigne, et, voyons . . . Alain, la rue Racine. Alpha, toi, tu peux prendre le boulevard des Ormes.*

— *Bah!* a répondu Alpha, *boulevard des Ormes — il y a beaucoup de grands bâtiments là-bas, n'est-ce pas?*

— *Oh, écoute, Alpha!* a crié Leila. *Tu veux être danseur, alors tu aimes faire de l'exercice — non?*

— *Et toi, Leila,* a continué Nadine, *je te donne la place Thiers.*

— *Ha ha!* a crié Alpha, *les bâtiments là-bas sont beaucoup plus hauts que dans le boulevard des Ormes.*

Trois heures après, leur distribution finie, Alain et Florence sont retournés au Théâtre.

— *Ah, vous voilà déjà? Vous voulez du café?* a demandé Nadine.

— *Oh oui, volontiers!* ont répondu les copains.

Vingt minutes après, Alpha est arrivé, fatigué.

— *J'ai rencontré trois chiens méchants et j'ai beaucoup marché. Mais ça y est. J'ai fini!*

— *Mais . . . où est Leila?* a demandé Alain.

A ce moment-là, Leila s'est approchée, très lentement.

— *Aïe!* a-t-elle crié. *J'ai mal au dos, j'ai mal aux jambes et j'ai surtout mal aux pieds! Tous les ascenseurs sont en panne et il y a des travaux partout. Assez d'exercice pour aujourd'hui!*

A SUIVRE . . .

Pour vous aider

j'en ai marre	I'm fed up
je me suis levé	I got up
je me suis trompée	I've made a mistake
une voiture s'est arrêtée	a car stopped
les copains se sont présentés	the friends introduced themselves
la distribution	delivery
les bâtiments	buildings
plus hauts	taller
oui, volontiers!	yes, please!
chiens méchants	vicious dogs
s'est approchée	approached
en panne	broken down
des travaux	roadworks

Trouvez les lettres qui manquent.

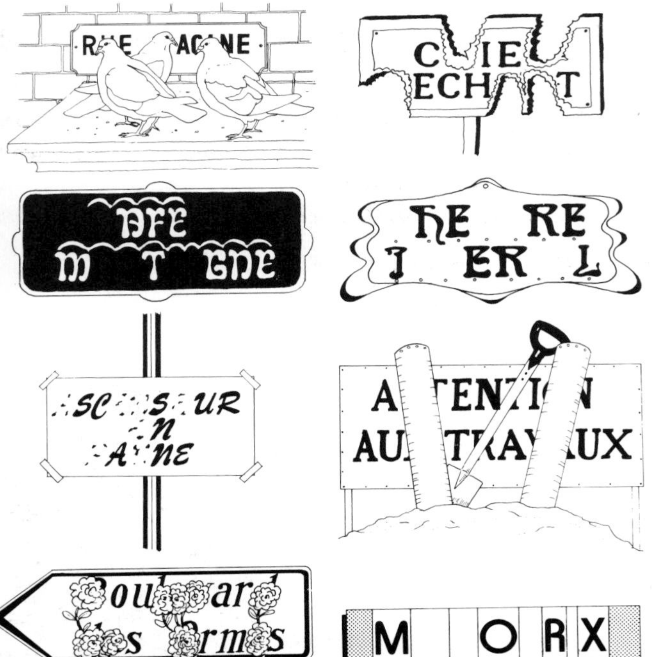

Voici un extrait du journal d'Alain. Trouvez les mots qui manquent.

Nous sommes au théâtre de bonne heure. Après dix minutes, une voiture s'est et Nadine est . Elle a à Florence de faire la rue Montaigne. Moi, j'ai la rue Racine.
Après trois heures, nous avons
Alors nous sommes au théâtre. Alpha est plus tard.
Il a trois chiens méchants et il a beaucoup !
Et la pauvre Leila ! Elle est la dernière!

Choisissez dans cette liste:

arrivés	fait
marché	descendue
arrêtée	fini
arrivé	dit
retournée	retournés
rencontré	

Houria Niati vient de l'Algérie. Elle travaille comme artiste dans une école à Londres.

Ecoutez Houria. Au STUDIO 16, elle nous parle

- de ses études
- de ses peintures
- de ses expositions
- de ses impressions de l'école où elle travaille
- des réactions de ses élèves

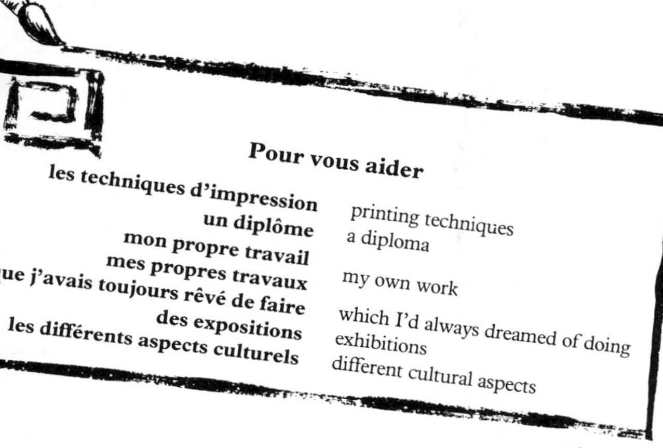

Pour vous aider

les techniques d'impression	printing techniques
un diplôme	a diploma
mon propre travail	my own work
mes propres travaux	
ue j'avais toujours rêvé de faire	which I'd always dreamed of doing
des expositions	exhibitions
les différents aspects culturels	different cultural aspects

Pour vous aider

mes poésies	my poems
mes peintures	my paintings
les élèves réagissent	the pupils react
mon travail se base sur	my work is based on
cela n'exclut pas	that doesn't exclude

Pour vous aider

les hindouistes	Hindus
les musulmans	Muslims
les chrétiens	Christians
les judaïstes	Jews
musulman	Muslim
musulmane	

Listen again and complete these sentences:

1. When Houria Niati came to London, she started by studying English, and then decided to go to _____.
2. Her third exhibition was at the Africa Centre, Covent Garden, in _____.
3. Houria finds it interesting that there are six or seven different _____ at Fulham Cross School.
4. She herself was brought up in a _____ family.
5. Houria says her work is based on spontaneity and freedom of _____.
6. The pupils are always asking her when they are going to have their own _____ of work.

DES ELEVES DE ROUEN

Les élèves de Rouen

Une reporter de STUDIO 16 a interviewé un groupe d'élèves français de Rouen. Ils ont répondu aux questions sur l'argent de poche et les vacances.

Les élèves parlent de leur argent de poche. Ecoutez leurs réponses.

Est-ce que vous recevez de l'argent de poche?

Combien d'élèves ne reçoivent pas d'argent de poche?

Combien recevez-vous comme argent de poche?

Combien d'élèves reçoivent 50 francs par semaine?

Qu'est-ce que vous faites avec votre argent de poche?

Qu'est-ce qu'ils achètent?
Notez les réponses dans votre cahier.

TALKBACK

Et vous?
Demandez

Est-ce que tu reçois de l'argent de poche?

Combien?

Par semaine ou par mois?

Qu'est-ce que tu fais avec ton argent de poche?

Répondez

Changez de rôle

Etes-vous déjà allés à l'étranger?

Combien d'élèves ont visité l'Angleterre?

Où avez-vous passé vos vacances d'été?

Ecoutez les réponses.

EN BRETAGNE

je suis resté chez moi

chez moi avec ma camarade

à la piscine

à la mer dans les Landes (dans le sud de la France)

en Grande Bretagne et en Savoie

à Bordeaux

TALKBACK

Et vous?
Demandez

Où as-tu passé les vacances d'été?

Où?

Quand?

Etes-vous déjà allés à l'étranger?

Qu'est-ce que tu as fait?

Combien de fois?

Répondez

Changez de rôle

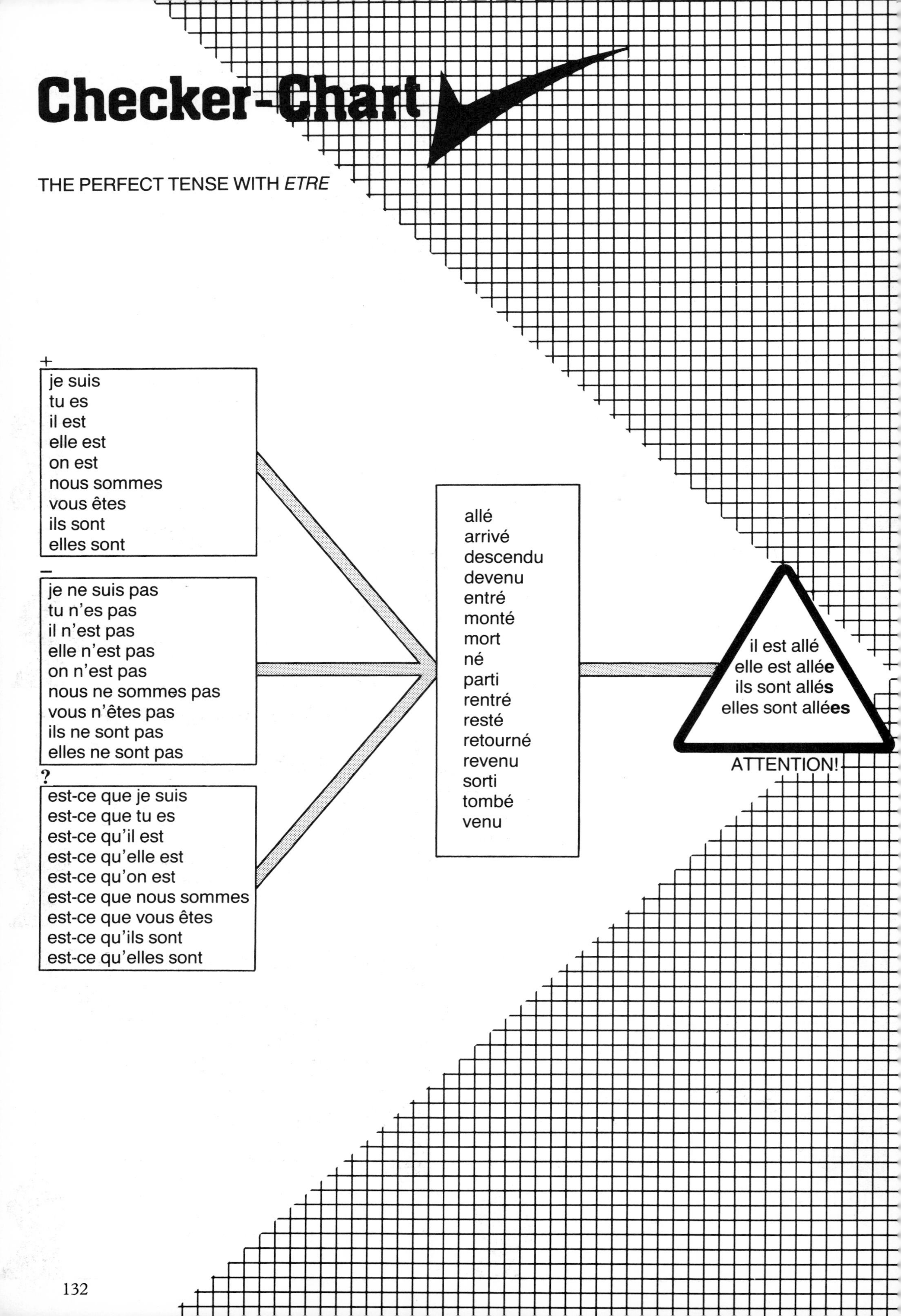
Checker-Chart
THE PERFECT TENSE WITH *ETRE*
+
je suis
tu es
il est
elle est
on est
nous sommes
vous êtes
ils sont
elles sont
–
je ne suis pas
tu n'es pas
il n'est pas
elle n'est pas
on n'est pas
nous ne sommes pas
vous n'êtes pas
ils ne sont pas
elles ne sont pas
?
est-ce que je suis
est-ce que tu es
est-ce qu'il est
est-ce qu'elle est
est-ce qu'on est
est-ce que nous sommes
est-ce que vous êtes
est-ce qu'ils sont
est-ce qu'elles sont
allé
arrivé
descendu
devenu
entré
monté
mort
né
parti
rentré
resté
retourné
revenu
sorti
tombé
venu
il est allé
elle est allé**e**
ils sont allé**s**
elles sont allé**es**
ATTENTION!

Résumé des TALKBACKS

Programme 2

Enregistrez si possible tous vos TALKBACKS!

L'ARGENT DE POCHE

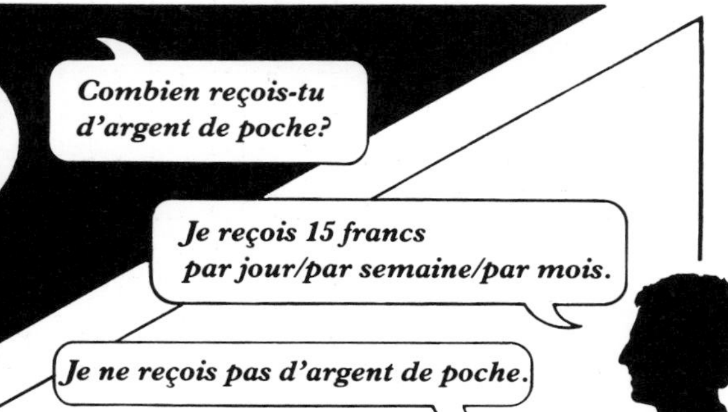

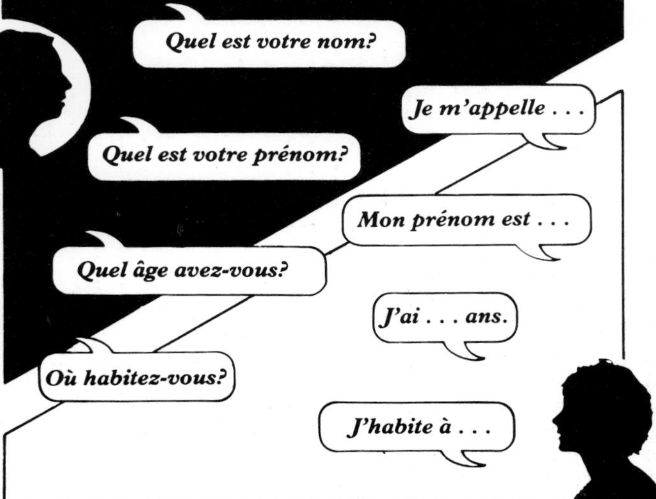

Où es-tu allé / allée lundi matin/ mercredi soir/pendant le week-end?

Je suis allé / allée à la piscine/au cinéma/ chez mes grands-parents/chez le dentiste.

Je suis resté / restée au lit/ chez moi/à la maison.

Es-tu allé / allée á l'étranger?/

Oui, je suis allé / allée en France.

Non, je ne suis pas allé / allée à l'étranger.

Es-tu allé / allée en Espagne/ aux Etats-Unis/au Canada?

Oui, j'y suis allé. / allée.

Etes-vous allé / allée aux Antilles/ en Algérie/au Portugal?

Non, mais j'aimerais bien y aller.

Non, je n'y suis pas allé. / allée.

Qu'est-ce qu'Anne a fait à 6 heures/vers 7 heures . . .?

Elle s'est levée/
Elle est sortie de la maison . . .

Quand es-tu allé / allée en Espagne?

J'y suis allé / allée en (1985).

Quand êtes-vous allé / allée aux Antilles?

Qu'est-ce que Christophe a fait à 7 h/à 8 h 30/à 9 h . . .?

Il est sorti de la maison/
Il est entré dans le bureau/
Il est descendu de l'autobus . . .

QUELS METIERS?

Quel métier veux-tu faire plus tard?

Je voudrais être vétérinaire/ programmeur/journaliste.

Que veux-tu faire plus tard — et pourquoi?

Je voudrais être infirmier / infirmière parce que j'aime soigner les malades.

CHERCHE-EMPLOI

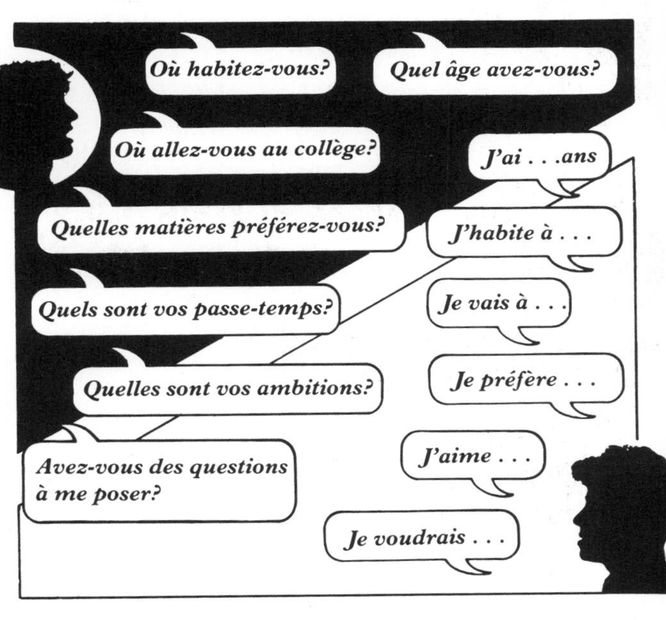

Qu'est-ce qui s'est passé en 1066?/en . . .?

En 1066, Guillaume le Conquérant et son armée sont arrivés en Angleterre.

TEST YOUR PROGRESS 2

SPEAKING TEST

Revise the *Résumé des Talkbacks* (pages 133-135) before doing the test. Then do the test either with your teacher or by recording your answers on cassette.

A **Introduce yourself in French:**

1 Say what your name is.
2 Say how old you are.
3 Say where you live.
4 Say what your school is called.
5 Say how many brothers and sisters you have.
6 Say what you do at weekends.

B **Say the following in French:**

1 Say how much pocket money you get each week.
2 Say what you do to earn money.
3 Say what you spend your money on.
4 Say what sort of job you would like to do when you leave school.
5 Say why.
6 Say where you went yesterday and what you did.

C **Ask a friend these questions in French:**

1 Where did you go on Saturday evening?
2 What did you do?
3 What job do you want to do?

D **Look at these pictures. Imagine you are Christophe and say in French what you did yesterday. (Use *je*).**

E **These pictures show how you spent yesterday. In French, say where you went and what you did.**

Check the answers with your teacher. Ask about anything you found difficult.

LISTENING TEST

Read through the questions and write down the numbers for your answers.

Now listen to the test. It is the last item recorded on the Programme 2 cassette. Stop the tape after each section and replay if necessary.

Replay the whole test for a final check.

M E T E O

A **Listen to the weather forecast and complete in English. Listen several times if necessary.**

	weather	*temperature*
1 le nord		
2 les Alpes		
3 les Pyrénées		
4 le Midi		

INFOS

B **Listen to the news and answer these questions in English:**

1 At what time did the accident take place?
2 Where did the accident take place?
3 Where was the coach party going?
4 Where had they been on holiday?
5 Which other vehicle was involved in the accident?
6 How many people died?
7 What was the cause of the accident?

C **Listen to this interview with Loïck, a boy of 16 from Brittany. Answer in English.**

1 What are his hobbies?
2 How much pocket money does he get?
3 Name two things he spends his money on.
4 What does he do to earn money?
5 What job would he like to do later?

D **Listen to these two job adverts on the radio. Take down the details in French or in English. You will hear the details twice.**

Go over the answers with your teacher. Ask about anything you found difficult.

READING TEST

Answer the questions in English.

A **Read these four newspaper stories. Which story (a,b,c, or d) is about**

1 forest fires?
2 two women locked in a lavatory?
3 a collision between a car and a bike?
4 a young man whose tent burns down?

For each story . . .

a Vélo contre auto
b Tente brûlée
c Feux de forêt
d Six jours dans un cabinet de toilette

. . . answer the following questions:

5 When did the incident take place?
6 Was anyone hurt? Who?
7 What happened?

b

Tente brûlée

Jeudi vers 22 h 40, Yves Delon, 23 ans, s'est endormi dans sa tente, aú Camping Municipal de Saint-Girons-Plage, une cigarette allumée à la main. Le feu a pris dans la tente qui a été entièrement détruite. Brûlé aux mains, le jeune homme, qui est plâtrier, a été admis à l'hôpital de Dax.

a

Vélo contre auto

Françoise Dubois, 17 ans, de Biarritz, a été grièvement blessée dans une collision vendredi soir à 21 h 15, alors qu'une voiture circulait en sens inverse. Mademoiselle Dubois circulait à vélo au centre de Seignosse. Blessée au visage et à la jambe droite (fracture), elle a été hospitalisée à Bayonne.

d

SIX JOURS DANS UN CABINET DE TOILETTE

Deux Parisiennes sont restées enfermées pendant six jours dans le cabinet de toilette de leur appartement. Un voleur les avait enfermées lundi dernier avant de partir avec des bijoux d'une valeur de 400 mille francs. Mademoiselle Olivier, 66 ans, et sa mère, 94 ans, ont été délivrées samedi soir par la police qui a forcé l'entrée du logement à la demande d'un membre de la famille inquiet de n'avoir aucune nouvelle.

Un médecin a constaté que les deux femmes n'avaient pas trop souffert.

c

Feux de forêt

Plusieurs feux ont éclaté samedi; l'origine est inconnue. Tout d'abord, à 13 h 35, à Parentis, une forêt de pins de 40 ans a pris feu, et puis à 15 h 30 une partie des Landes aussi a pris feu.

Les pompiers forestiers de Tyrosse sont intervenus. Trois morts.

Go over the answers with your teacher. Ask about anything you found difficult.

B **In English, answer the following questions about Bernard's letter:**

1 How did Bernard and his friends travel from Marseilles to Barcelona?
2 How long did the journey from Marseilles to Perpignan take?
3 What did Bernard do during this part of the journey?
4 Where was the campsite in Barcelona?
5 Whom did they meet there?
6 What plans did they make for the following Saturday?
7 Where did Bernard and his friends go one evening?
8 What did they do there?

Chers parents,

Nous sommes bien arrivés à Barcelone, mes amis et moi. Nous sommes partis de Marseille et nous avons fait de l'auto-stop. Nous avons attendu quelques heures, puis une voiture s'est arrêtée. Nous sommes allés jusqu'à Perpignan. Le voyage a duré quatre heures. J'ai dormi presque tout le temps.

A Perpignan, il a fait mauvais, alors nous avons pris le train pour aller à Barcelone. Nous avons trouvé un camping en face de la mer, pas très cher et très joli.

Nous sommes allés visiter le port. J'ai fait beaucoup de photos et j'ai acheté des cartes postales. Au camping, nous avons rencontré des Français et on a tous décidé d'aller visiter la cathédrale, samedi prochain.

Hier soir, nous avons vu un spectacle de Flamenco et on a dansé avec les artistes. Je me suis bien amusé, c'était super!

Je vous embrasse tous et j'espère vous revoir bientôt.

Votre fils, Bernard

Cherche-emploi

- Recherche EMPLOYE(E) DE BUREAU pour contrat 2 ans à partir du 1er sept. *Ecrire 93370 bur. jnal. Bordeaux*
- Recherchons 2 ELECTRICIENS. Câbleurs très expérimentés **Hydro-Sud Ouest** *Tél. (56) 85.72.65*
- **Clinique Centre Bordeaux** recherche INFIRMIERS bloc opératoire *Tél. (56) 52.55.41*
- **Centre Leclerc Mimizan** cherche ouvriers PLATRIERS qualifiés. Libres immédiatement *Tél. (58) 09.09.90*
- **Textil** cherche VENDEURS et apprentis. S'adresser mardi de 9 à 12 heures *2 rue Vauban, Blaye*
- Agence publicité mode recherche MANNEQUINS hommes femmes enfants. Ecrire avec photo **Studio Philippe** *39 rue des Faures, Bordeaux*
- **Planzer Transports** cherche CHAUFFEUR catégorie D, poids lourds, capable et habitué aux transports à l'étranger. Se présenter ou téléphoner chez Planzer Transports S.A. *74, rue Montbrillant, 1211 Genève Tél. (022) 34.66.00*

C **Read the job adverts above. Match the French jobs to the English jobs.**

1 employé(e) de bureau	a driver
2 électriciens	b models
3 infirmiers	c plasterers
4 chauffeur	d shop assistants
5 plâtriers	e office clerk
6 vendeurs	f nurses
7 mannequins	g electricians

D **Now answer the following questions in English:**

8 What telephone number must you ring if you are interested in the jobs for electricians?
9 Which job advertised here is for a two-year contract?
10 What vacancies is the hospital in Bordeaux advertising?
11 Which firm is asking for men, women and children to apply?
12 When are the plastering jobs available?
13 If you wanted to make enquiries about the jobs for shop assistants, what would you have to do?
14 What sort of work would the driver be expected to do?

WRITING TEST

Write your answers in French.

Read through what you have written for a final check.

A **Read the postcard. Then copy out the letter from Josie and Paul, filling in the gaps:**

Chers enfants,
Nous espérons que vous êtes bien arrivés à St Tropez et que le voyage s'est bien passé. Est-ce que votre hôtel est bien? Et la nourriture? Amusez-vous bien. Ecrivez-nous bientôt.
Maman et Papa.

Chers parents,

Merci pour votre carte postale. Oui, on est bien arrivé ici samedi après-midi.

Samedi soir, nous __________ à l'hôtel. On mange bien ici à l'hôtel et les gens sont sympathiques.

Le lendemain matin, après le petit déjeuner, nous __________ à la plage. On s'est bien amusé. L'après-midi, nous __________ l'autobus devant Monoprix où nous __________ des achats. Le soir, après le dîner, nous avons ______ un café près du port.

Lundi, nous __________ de l'hôtel à dix heures pour aller à Ste Maxime où nous __________ la cathédrale. Nous __________ à l'hôtel très tard le soir.

Il fait un temps superbe et nous profitons bien de nos vacances.

A bientôt
Josie et Paul.

B **Read this advert:**

Offre à étudiant(e) au pair, vac. nourri, logé. 2 enf. âge scolaire, ambiance familiale, dimanche et heures libres. Ecrire en français à M Bertrand, 76 rue de Rantigny, Vaux, 60290 Rantigny, FRANCE

Copy out and complete this letter replying to the advert.

Monsieur,

J'ai lu avec intérêt votre offre d'emploi pour un poste dans votre famille. Je cherche un emploi en France pour les vacances d'été.

Je vous envoie quelques renseignements à mon sujet.

name
age
address
languages spoken
interests
description (kind/honest/like children/etc)

Je vous envoie un CV et aussi une enveloppe timbrée à mon adresse.

Je vous prie d'agréer, monsieur, l'expression de mes sentiments les plus distingués.

signature

Go over the answers with your teacher. Ask about anything you found difficult.

Programme 1

TROP DE TELE?

Page 9 D

1 souvent
soir
heures
neuf

2 souvent
jours
soirs
soir

3 jamais
jeunes

4 radio
matins
matin

5 quelquefois
écoute

6 pas beaucoup
frère

Page 13 A

1 L'Echo des Bananes (ou Pygmalion)
2 Gym Tonic (ou Match du Soir)
3 Animaux du Monde
4 Le Poison de la Chambre Noire
5 Les Enquêtes de Remington-Steele

Page 13 D

1 vrai
2 faux
3 faux
4 faux
5 faux
6 vrai

Page 13 E

2 Il y a un documentaire sur les Beatles à 19.00 sur A2.
3 Il y a un match de football en direct du Parc des Princes à Paris.
4 L'Echo des Bananes est un programme de musique pop.
5 Animaux du Monde est un programme sur la nature.

Page 16 C

Les opinions d'Alain:
La télé est éducative.
Les documentaires à la télé sont intéressants.
Il est fascinant de regarder des images de l'autre bout du monde.

Page 16 D

Les opinions de Chantal:
Les séries américaines sont violentes.
La vidéo est dangereuse pour les jeunes.
Regarder la télé, c'est du temps perdu.

1 STEP BY STEP

Page 22 A

1 d
2 f
3 h
4 g
5 c
6 a
7 e
8 b

Page 23 D

1 regardé
informations

2 as
hier

3 as
pas

4 écouté
musique

5 tu as écouté
Oui
écouté

6 peu
infos

Programme 1

1 STEP BY STEP

Page 24 B

1 f
2 h
3 e
4 g
5 a
6 c
7 d
8 b

Page 24 C

Dear Lucy,

You will be interested to learn that I came over to Dover a couple of days ago. I left home early, at six o'clock, in fact. I left my car in Calais. I spent half an hour on deck.

At Dover I looked at the prices of clothes and shoes and also fruit and meat. In England, clothes seem to be cheaper than in France. I interviewed lots of tourists about their impressions of the town and the shops. I had sausages and mash for lunch in a pub in the town centre. On the way back I listened to my recording and I prepared my report.

Hope all is well with you.

Best wishes,
Marianne

Page 25 D

quitté
laissé
acheté
pris
passé
fait
regardé
rencontré
trouvé
mangé
parlé
enregistré
pris
écouté
préparé

Page 25 G

A six heures, j'ai quitté l'appartement. A Calais, j'ai laissé ma voiture et j'ai acheté mon billet. A Douvres, j'ai fait les magasins et j'ai rencontré beaucoup de touristes. Puis j'ai trouvé un pub où j'ai mangé des saucisses avec de la purée. Après le déjeuner, j'ai enregistré les réponses des touristes.
A six heures et demie, j'ai pris le bateau. A bord, j'ai écouté l'enregistrement et j'ai préparé mon reportage.

1 STEP BY STEP

Page **26 A**

1 Lilianne Toupotte
2 Michel Renou
3 Nicole Colette

Page **26 B**

Ce que j'ai fait ce matin

Nicole
J'ai manqué l'autobus.
J'ai rencontré une de mes amies.

Michel
J'ai pris mon petit déjeuner.
J'ai écouté les informations.
J'ai rangé ma chambre.
J'ai pris le train.

Lilianne
J'ai pris un taxi à la gare.
J'ai pris le train.

Page **28 B**

Le matin, nous avons visité la Tour de Londres.
A midi, nous avons mangé dans un McDonald.
L'après-midi, j'ai acheté des souvenirs à Covent Garden.
Le soir, nous avons mangé des «fish and chips».
A sept heures et quart, nous avons pris le train pour rentrer à notre hôtel.

Page **28 C**

1 faux	**3** faux	**5** vrai	**7** vrai
2 vrai	**4** faux	**6** faux	

Page **28 D**

1 Nous avons passé une journée à Londres.
3 Nous avons pris le métro et l'autobus.
4 J'ai laissé mon appareil dans l'autobus.
6 Le soir, nous avons mangé dans un jardin public.

Page **28 E**

Londres, le 12 juin

A SALMON CAMERACOLOU
POST CARD

Chère Pascale,
Le week-end dernier, j'ai visité Boulogne avec ma famille.
A Douvres, nous avons pris le bateau. A Boulogne, nous avons mangé dans un restaurant et après, nous avons visité le musée et la cathédrale. Nous avons acheté du fromage, du vin et du parfum. Moi, j'ai acheté un tee-shirt.
A six heures, nous avons pris le bateau. A bord, nous avons joué aux cartes.
Amitiés,
Dominique

Pascale C
13, rue
Renn
F

Programme 1

STEP BY STEP 1

Page 29 F

Cher
Chère
Merci de ta lettre. J'espère que tu vas bien. Voici de mes nouvelles. La semaine dernière, j'ai passé une journée à Boulogne avec mes amis.

J'ai quitté l'appartement à sept heures du matin. Nous avons pris le train pour Douvres. Mais malheureusement, j'ai laissé tout mon argent dans le train!

A Douvres, nous avons passé la douane. Nous avons montré les passeports. Sur le bateau, nous avons pris des boissons au bar. Moi, j'ai cassé un verre.

A Boulogne, nous avons fait les magasins et nous avons visité la cathédrale et le musée. Nous avons acheté des cartes postales, puis nous avons mangé dans un restaurant et nous avons manqué le bateau! Quelle journée!

Ecris-moi bientôt!

Amitiés,

Le français dans le monde

Page 32 B

	1	2	3	4	5	6
PRENOM	Ahmed	Sylvie	Radhi	Fatima	Ousmane	Andrée
NOM DE FAMILLE	Mezrag	Bécrit	Ben Romdane	Chaoui	Seck	Renaud
ECOLE	George Orwell School	Stoke Newington School	Hackney Downs School	Crown Woods School	Sir Walter St John's School	Grey Coat Hos
PAYS D'ORIGINE	Algérie	Martinique	Tunisie	Maroc	Sénégal	Québec
LANGUES PARLEES	français anglais	anglais allemand espagnol patois	arabe tunisien arabe classique français anglais allemand italien russe	dialecte marocain suisse-allemand français anglais	français anglais russe deux langues africaines	français anglais

Page 57 A

1 TF1
2 Antenne 2
3 The Empire Strikes Back
4 Stade 2 (ice dance)
5 8 pm
6 8.30 pm
7 Marie-Paule and Marc go to their neighbours' house to watch the film

Les films de la semaine

Page 59 A

Le Survivant c
La Panique a
L'As des As b
Passion d'Amour c

Page 59 B

1 Il s'agit d'une guerre bactériologique.
2 De rares survivants ont résisté aux monstres.
3 Un jeune garçon de 15 ans abandonné à la maison pendant un mois . . .
4 Un jour en regardant parmi des papiers il a trouvé une lettre.
5 Il a compris qu'il n'est pas le fils du mari de sa mère.
6 Le film est situé en Allemagne.
7 Georges Cavalier a essayé de sauver un enfant juif.
8 Un officier a rencontré une jeune épileptique.
9 L'amour l'a touché.

Page 59 C

1 L'As des As
2 Passion d'Amour
3 Le Survivant
4 La Panique

Page 59 D

L'AS DES AS
Ce film est situé en Allemagne. Georges Cavalier est entraîneur de l'équipe française de boxe. Il essaie de sauver un enfant juif et sa famille. Gunther von Beckermann, son vieil adversaire, aide Cavalier dans ses efforts.

LA PANIQUE
A cause de la maladie de sa mère, un garçon de 15 ans reste seul pendant un mois à la maison. Un jour, ce garçon trouve une lettre de son véritable père. Il se sent complètement perdu. Il essaie de se suicider.

PASSION D'AMOUR
L'action se situe dans un village italien. Un officier rencontre une jeune épileptique. Elle tombe amoureuse de lui. Mais l'officier a des problèmes . . par exemple, sa carrière et sa maîtresse en ville.

Programme 1

Page 61 B

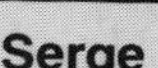

Jeannine		Serge		Dominique	
~~16 ans à 20 h~~	15 ans après 22 h	~~Rouen 15 ans documentaire~~	Paris 14 ans programme de variétés	~~Paris 17 ans cinquième chaîne trois chaînes~~	Rouen 19 ans quatrième chaî quatre chaînes

Page 62 A

La lettre de

1 Brigitte Morelle, Paris
2 Christian Bellerose, Dieppe
3 Virginie, Lyon
4 Yves-Martin Boulga, Bordeaux

Page 63 B

Horreur dans l'après-midi
~~Saturday evening~~ — Sunday evening

Sexiste
~~Radio adverts~~ — TV adverts

Cruauté et sadisme
~~how cruel dolphins are to man~~ — how cruel man is to dolphins

Un grand merci
~~It is intended for people who live in other countries and who want to keep in touch with France~~ — It is intended for people who live in France and who want to keep in touch with their country of origin

Page 64 B

1 eldest
2 Africa
3 government
4 sports

Programme 2

L'ARGENT DE POCHE

Page 79 D

Claudette
Tony
Joël
Marie
Bernard
Marie-Thérèse
Philippe
Nadine

Page 79 E

1 Je nettoie les voitures.
2 Je travaille dans un petit magasin.
3 Je fais du babysitting.
4 Je fais des livraisons de journaux.
5 J'aide mes parents à la maison.

Page 80 H

1	120 francs a month	120 francs a week
2	a small shop	a big shop
3	45 francs an hour	45 francs a day
4	usually she cleans the shop	usually she does deliveries
5	in a supermarket	in a stables
6	Rosalie thinks she gets enough money	Rosalie thinks she doesn't get enough money

Page 80 I

2 Eliane et Sophie travaillent dans un grand magasin.
3 Dany reçoit généralement 45 francs par jour.
4 Valérie travaille dans un petit magasin.
6 Rosalie travaille dans une station-service.

Page 81 K

Tony **h**
Marie-Thérèse **g**
Bernard **j d**
Salima **i**
Joël **f e**
Claudette **b k**
Gauthier **c a**

Page 81 L

1 En général, j'achète des disques.
2 J'en mets la moitié à la Caisse d'Epargne.
3 Je me paie des pots, et puis je vais à la discothèque.
4 Moi, j'achète de l'essence pour ma moto.
5 En principe, je fais des économies, mais j'achète aussi des cassettes.
6 D'habitude, je donne de l'argent à ma mère, et puis je vais au cinéma.
7 Quelquefois je vais aux matchs de football et j'achète aussi des habits.

Le français dans le monde

Page 82 B

m'appelle	travaille	travaille	achète
ai	gagne	est	paie
habite	vais	ai	aime
suis	travaille	donne	vais

Page 82 C

1 Elle s'appelle Meriem.
2 Elle a quinze ans.
3 Elle va au lycée technique.
4 Elle n'a pas beaucoup d'argent.
5 Son père lui donne quinze francs par semaine.
6 Elle achète des magazines ou quelquefois des disques.
7 Elle aime beaucoup la danse.
8 Elle va à un cours de danse.

Page 83 D

exemple:

Il s'appelle Michel. Il a quatorze ans et il habite à Paris. Il va au C.E.S Victor Hugo. Sa mère est vendeuse. Son père est mort. Il est tunisien. Il travaille le samedi au marché. Il gagne cent francs par semaine. Il achète des disques et des livres. Il aime aussi le cinéma.

LE FRANÇAIS DANS LE MONDE

Page **84 B**

Ousmane

2 brothers: 1 older, 1 younger	2 frères: 1 frère aîné, 1 frère cadet
1 sister	1 soeur
father — dead (diplomat)	père — mort (diplomate)
mother — teacher	mère — prof

Ahmed

6 brothers	6 frères
4 sisters	4 soeurs
1 sister — Paris	1 soeur — Paris
rest of family — northern France	le reste de la famille — le nord de la France
father — factory worker (textiles)	père — ouvrier (usine de textiles)
mother — housewife	mère — ménagère

Fatima

Rabat (Morocco)	à Rabat (au Maroc)
father — engineer	père — ingénieur
mother — language teacher	mère — professeur de langues
father — Moroccan	père — marocain (de nationalité marocaine)
mother — Swiss-German	mère — suisse-allemande
brothers — 3 — Switzerland, France, Morocco	frères — 3 — Suisse, France, Maroc

Sylvie

in France	en France
2 sisters	2 soeurs
(Marie-Laure) dentist	(Marie-Laure) dentiste
(Catherine) librarian	(Catherine) bibliothécaire

Programme 2

Le français dans le monde

Page 85 A

1 japonaise
2 africaine
3 écossais
4 turque
5 indienne
6 chinoise
7 anglais
8 portugais

Page 85 B

1 français
2 portugais
3 antillaise
4 japonais
5 pakistanaise
6 chinoise
7 irlandais
8 polonais
9 algérienne
10 américains

Page 86 B

Les petites annonces envoyées par des femmes:
3 4 5 7 8

Page 86 C

1 sérieux
2 sportif
3 intelligent
4 veuf
5 beau
6 seul
7 végétarien

Page 86 D

1 peut contacter 5
2 peut contacter 7
3 peut contacter 10
4 peut contacter 9
6 peut contacter 8

3 Step by step

Page 88 C

1 c
2 a
3 h
4 e
5 f
6 d
7 b
8 g

Page 88 D

1 b
2 a
3 d
4 c
5 f
6 e
7 h
8 g

STEP BY STEP

Page 89 H

Lille
le 28 mai

Cher papa,

Merci beaucoup de ta dernière lettre. Je vois que la vie à Rabat est vraiment très intéressante. Tu as de la chance . . . il fait si beau là-bas!

Tu veux savoir ce que je fais ici à Lille? Voici une petite liste de tout ce que j'ai fait la semaine dernière. Ça t'intéresse?

Lundi matin, je suis allée au collège. Puis l'après-midi, je suis allée jouer au basket, et après je suis restée chez moi.

Puis mardi, je suis allée au cinéma.

Et mercredi, je suis allée chez Sylvie.

Ensuite, jeudi, je suis allée au jardin public jouer au tennis.

Vendredi matin, je suis allée au collège.

Samedi, je suis allée aux Nouvelles Galeries avec maman. Et puis après, je suis allée au Café de la Gare.

Enfin, dimanche matin, je suis allée à la piscine. Dimanche soir, je suis restée à la maison.

Tu le trouves intéressant, mon petit reportage? Je l'espère!

Alors, écris-moi bientôt, cher papa. Donne-moi tes nouvelles.

Je t'embrasse bien fort! Véronique

Page 93 D

a 2	**c** 5	**e** 8	**g** 6	**i** 4
b 3	**d** 7	**f** 1	**h** 9	**j** 10

Page 93 E

le bon ordre: **f, a, b, i, c, g, d, e, h, j**

L'histoire de Christophe:
Lundi dernier, Christophe s'est levé très tôt. Après le petit déjeuner, il est sorti de la maison. Après une heure, il est descendu de l'autobus. Puis, il est allé à pied jusqu'aux bureaux de la RATP. A neuf heures moins cinq, il est arrivé devant la porte d'entrée. Très nerveux, il est entré dans le bâtiment. Il est monté jusqu'au dixième étage. A neuf heures précises, il est entré dans le bureau. Mais malheureusement, le rendez-vous était pour la semaine prochaine! Il est sorti du bureau.
Il est descendu du dixième étage. Ensuite, il est parti et il est rentré aussi vite que possible chez lui.

Page 94 B

s'est levée	est montée	a passé
s'est habillée	est partie	est allée
a pris	est entrée	a acheté
est sortie	est arrivée	est partie
est entrée	est arrivée	est revenue
a mis	est descendue	

Programme 2

Page 96 A

1 She can't earn enough money to pay for her dance classes.
2 If he takes the job in the chemist's, he won't be able to go to his dance classes.
3 She suggests that they deliver publicity handouts, 6 hours a day, 300 francs a week.
4 It gives details of a meeting to discuss plans to reopen a theatre (the Théâtre Impérial).
5 She tells them to come to the theatre the next day at nine o'clock to start work.

Page 97 B

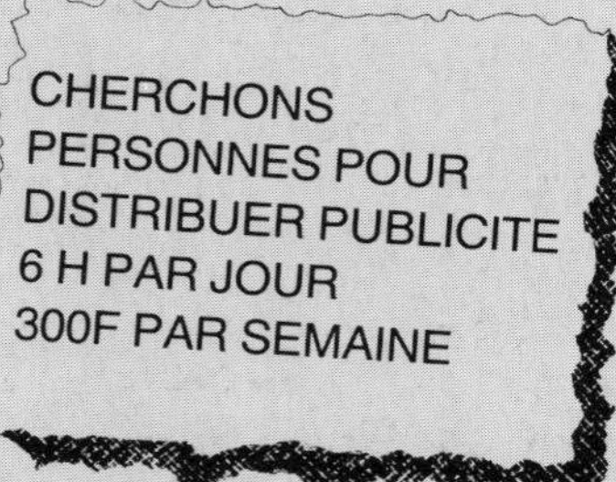

Page 97 C

J'ai rencontré Alain ce matin près du Monoprix. Une femme nous a demandé «Vous cherchez du travail?» Elle nous a dit «Nous cherchons des personnes pour distribuer des tracts. Nous voulons restaurer le Théâtre Impérial.» Elle nous a demandé d'aller au théâtre demain à neuf heures pour commencer le travail.

INFOS

Page 98 A

1 Three
2 The *Solidarity* flag
3 To mark the anniversary of the *Solidarity* movement in Poland
4 Very bad
5 Yes
6 4,807 metres high

Page 98 B

1 He froze to death
2 Thursday night/Friday morning
3 Mountain police
4 Friday evening
5 Six
6 Two

Page 98 C

1 Yes
2 A crisis committee
3 Over 80
4 Villages
5 The A 6 motorway
6 No, not yet

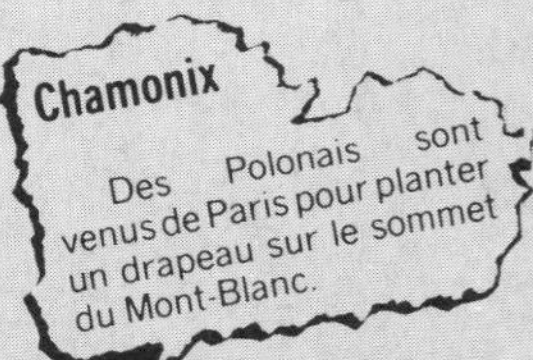
Chamonix

Des Polonais sont venus de Paris pour planter un drapeau sur le sommet du Mont-Blanc.

Inondations dramatiques en France

Une pluie exceptionnelle a causé des inondations en Bourgogne.

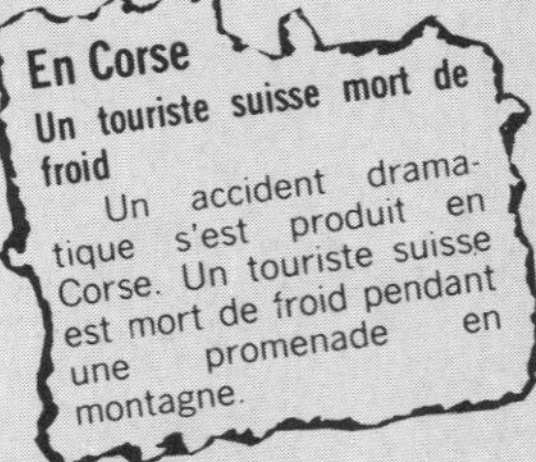
En Corse
Un touriste suisse mort de froid

Un accident dramatique s'est produit en Corse. Un touriste suisse est mort de froid pendant une promenade en montagne.

S16 INFOS RADIO

Page 99 A

- 500,000 francs stolen
- a service-station on the A 8 motorway (the Total service-station at the west exit for Fréjus)
- just after midnight (Saturday night/Sunday morning)
- 2 men
- black helmets

Page 99 B

1 robber 650,000 francs Esso service-station a masked man he had a gun	2 robbers 500,000 francs Total service-station 2 men wearing helmets one of the men had a gun, the other had a knife

Page 99 D

exemple:
Mardi soir, vers dix heures, une femme est entrée dans une station-service à Cannes. Elle est arrivée à moto. L'employé, Georges Laval, a vu la femme. Il a dit: «Il était vers dix heures, et j'ai vu une femme. Elle portait un casque blanc. Elle est entrée dans mon bureau. J'ai été complètement surpris par la femme. Elle était armée d'une bombe lacrymogène. Elle est partie avec 100.000 francs.»

NFOS JOURNAL INFOS JOURNAL
NAL INFOS JOURNAL INFOS JOU

Page 100 A

1 Wednesday evening at about six o'clock
2 on the RN 25 (Route Nationale 25) in the Saujon district
3 the cyclist
4 in Royan
5 70
6 9
7 to hospital (Malakoff Hospital in Saujon)

Page 100 B

1 Une collision s'est produite mercredi soir sur la RN 25.
2 Gilles Aune est écolier.
3 Monsieur Beauchamp a soixante-dix ans.
4 Gilles a été transporté à l'hôpital Malakoff à Saujon.
5 Gilles habite à Saujon.
6 Monsieur Beauchamp habite à Royan.

Page 101 C

1 A moped
2 The moped collided with a car going the wrong way down a one-way street
3 Menton
4 The moped was cut in two
Monsieur Gabin was thrown several metres away
5 Two

Page 101 D

1 b 2 c 3 a 4 b 5 a

Programme 2

Page 101 E 1 Belgium 2 Korea 3 Gambia 4 USA (California)

Page 102 A

Région parisienne	nuageux
Région de la Loire	vent
Alpes	beau temps
côte Atlantique	temps brumeux

températures:

Paris	6°
Tours	7°
Strasbourg	8°
Bordeaux	7°

Page 102 B

1 ciel gris nuageux
2 beaucoup de vent
3 beau temps
4 temps brumeux

Page 102 C

	matin	après-midi	soir
samedi	ensoleillé	nuageux	averses
dimanche	brumes	ensoleillé	orages

Page 102 D

1 Saturday morning or Sunday afternoon
2 No - showers likely
3 It will become stormy

PAGE DE PUBLICITES

Page 103 A

OK MAGAZINE

un journal pour les jeunes	a magazine for young people

LOISIRS POUR VOUS

le spécial vacances	holiday special/supplement

le guide AKAÏ

guide vidéo-cassette	videocassette catalogue

la FAUNE

une encyclopédie des animaux sauvages	an encyclopedia of wild animals

PAGE DE PUBLICITES

Page 103 B

1 a cream cheese
  b on the boxes
  c 31st August

2 a four pinball machines and a thousand records
  b 1st September
  c two Spring Gum wrappers

QUELS METIERS?

Page 104 C

1 programmeur
2 photographe — photos
3 agent de police — la discipline
4 enfants — instituteur
5 ingénieur
6 journaliste
7 secrétaire-comptable
8 mécanicienne
9 assistant dentaire
10 marin — voyages
11 décidé

Page 105 F

1 programmeur
2 assistante dentaire
3 journaliste
4 instituteur
5 secrétaire-comptable
6 mécanicienne
7 marin
8 photographe

Page 105 G

1 office clerk
2 laboratory technician
3 plumber
4 air hostess/steward
5 nurse
6 hairdresser

Page 107 J

1 secrétaire bilingue
2 médecin
3 opérateur / opératrice sur ordinateur
4 conducteur routier / conductrice routière
5 entraîneur / entraîneuse d'équipe sportive
6 sténodactylo
7 infirmier / infirmière
8 employé / employée d'assurances
9 mécanicien / mécanicienne automobile
10 secrétaire médical / médicale

Page 107 K

1 infirmier / infirmière
2 dactylo
3 assistant / assistante dentaire
4 pilote de course
5 mécanicien / mécanicienne automobile
6 programmeur / programmeuse
7 employé / employée de banque

Programme 2

QUELS METIERS?

Page 108 N

Nom et profession	Durée du travail	Avantages	Inconvénients
Aziz réceptionniste	Every day except Tuesday 7 am-9 pm 3 hours off in the afternoon.	Doesn't have to travel far to work.	People aren't always poli[te]; they don't always show h[im] respect; the telephone is always ringing; it's badly paid.
Patricia maître nageur	Mornings only Monday-Friday	Can train during the afternoons for the swimming championship; can practise her favourite sport.	Tiring; children make a lo[t] of noise in the swimming pool so she gets headach[es]
Marc représentant de voitures	8 am-6 pm 2-hour lunch break	Gets to drive the cars; goes to the International Motor Show; likes the work.	If he doesn't sell many ca[rs] he doesn't earn much money.

CHERCHE-EMPLOI

Page 109 A

1

Chauffeur d'ambulance

Heures de travail	30 heures par semaine; quelquefois le week-end et la nuit
Age	entre 25 et 50 ans
Expérience	minimum 2 ans
Formation	2 mois — centre de formation à Quimper
Salaire	4.500F par mois
Numéro de téléphone	34.19.47

2

Serveuse/Serveur

Hôtel situé	près de Brest/à 5 km (du centre) de Brest
Age	de 17 à 40 ans
Commence	début mai/en mai
Finit	fin août/en août
Expérience	préférable (café ou restaurant)
Ecrire avec	curriculum vitae

3

Secrétaire bilingue

Ville	Nantes
Parlant et écrivant	allemand
Commence	(tout) de suite/immédiatement
Expérience	un an minimum/un an nécessaire
Heures	(normales) de bureau
Vacances	un mois en été
Ecrire avec	curriculum vitae

4

Vendeurs et vendeuses de magazines

Région	parisienne
Expérience	— (sans)
Age	18 ans minimum
Formation	assurée
Commence	(tout) de suite
Salaire par mois	5.000F minimum
Numéro de téléphone	409.08.27

la fin the end
financé, financée financed
fini *(finir)* –
j'ai fini I finished
fini, finie finished
les firmes firms
un flash a news flash
un flipper a pinball machine
une fois once/one time
la fois time
la première fois the first time
la folie madness
ils font *(faire)* they are doing/they make
la force strength
la forêt forest
une formation training
stage de formation apprenticeship
la forme shape
en bonne forme in good shape
formidable great/wonderful
fort, forte strong
fort, forte en good at . . .
fou, folle mad
fous de la danse
mad about dancing
fournir to provide
frais, fraîche fresh/cool
français, française French
le français French (language)
francophone French-speaking
frappé *(frapper)* –
ce qui m'a frappé what struck me
j'ai frappé I knocked/I hit
un frère a brother
le froid cold
du fromage some cheese
la frontière the frontier
fumer to smoke
les fusées rockets
fut *(être)* –
fut signé was signed

je gagne *(gagner)* I earn/I win
gagné *(gagner)* –
j'ai gagné I won
gagner to earn/win
à gagner to be won
vous gagnez *(gagner)* you earn/you win
la Gambie Gambia
on garantit *(garantir)*
you are guaranteed
garder to keep
la gare maritime harbour station
de gauche on the left
la gendarmerie the police station
en général in general/on the whole
généralement usually/generally
ce genre this type/kind
les gens people
la gentillesse pleasant manner
une gerbe a wreath
glissés *(se glisser)* –
ils s'étaient glissés they had slid

grand, grande great/big
la Grande Bretagne Great Britain
la Grande Guerre the Great War
(the first World War)
à ma grande surprise to my great surprise
les grandes vacances
the summer holidays
grandi *(grandir)* –
j'ai grandi I grew up
les grands-parents grandparents
gratuit, gratuite free
grec, grecque Greek
la Grèce Greece
grièvement seriously
gris, grise grey
le gros lot the jackpot
gros, grosse large
grosses bises à tous love to everyone
un groupe scolaire a school party
la Guadeloupe Guadeloupe
(island in the French West Indies)
une guerre a war
la première guerre mondiale
the first World War
la seconde guerre mondiale
the second World War
le guichet the ticket office
Guillaume le Conquérant
William the Conqueror

habillé, habillée *(s'habiller)* –
(elle) s'est habillée
(she) got dressed
s'habiller to get dressed
habitant *(habiter)* living
les habitants the inhabitants
habitez-vous . . .? *(habiter)*
do you live . . . ?
des habits clothes
d'habitude usually
l'habitude habit
avez-vous l'habitude de . . . ?
are you used to . . . ?
haut, haute high/tall
la hauteur the height
un hectare a hectare
(a measurement of land)
ils hésitent *(hésiter)* they hesitate
à l'heure on time/on the hour
l'heure the time
une heure an hour/one o'clock
de bonne heure early
heures –
sept heures seven o'clock
les heures libres
free time/spare time
heureusement fortunately
hier yesterday
les Hindouistes Hindus
l'histoire history/story
un homme a man
honnête honest
l'honnêteté honesty

un hôpital, des hôpitaux hospital, hospitals
un horaire a timetable
les horaires the hours (of work)
des horaires lourds long hours
hospitalier –
un centre hospitalier a medical centre
hôtesse de l'air air stewardess
l'huile d'olive olive oil
huitième eighth
humain, humaine human

I

ici here
il y a *(avoir)* there is/there are
il y a eu *(avoir)* there was
il y a (une semaine/deux ans) ago (a week ago/two years ago)
une île an island
des images pictures
un immeuble a block of flats
des immigrés immigrants
impair, impaire uneven/odd
impression –
les techniques d'impression printing techniques
impressionné, impressionnée struck/impressed
un incendie a fire
inconnu, inconnue unknown
les inconvénients the disadvantages
l'Inde India
indemne unhurt
indien, indienne Indian
infirme weak/ill
un infirme, une infirme a patient
infirmier, infirmière nurse
les informations the news
l'informatique information processing
informer to inform
informez-vous de . . . *(s'informer)* find out about . . .
les infos the news
ingénieur engineer
des inondations floods
inquiet, inquiète worried
inquiétez *(s'inquiéter)* –
ne vous inquiétez pas! don't worry!
instable changeable
installés settled into
l'instant –
pour l'instant for the moment
instituteur, institutrice teacher (primary school)
interdites banned
intéresse *(intéresser)* –
ça t'intéresse? does that interest you?
je m'intéresse aux autos I am interested in cars
les intérêts the interests
interpellée *(interpeller)* –
(elle) a été interpellée (she) was interrogated
interrogez *(interroger)* ask/interview
inventez *(inventer)* make up/invent
inverse –
en sens inverse in the opposite direction
invité *(inviter)* –
j'ai invité I invited
l'Irlande du Nord Northern Ireland
isolé, isolée lonely/isolated
italien, italienne Italian
un itinéraire a route
ivoirien, ivoirienne from the Ivory Coast

J

ne ... jamais never
jamais ever/never
une jambe a leg
japonais, japonaise Japanese
un jardin public a park
jeté *(jeter)* –
il a été jeté he was thrown
un jeu, des jeux a game, games
jeu-test quiz
jeudi Thursday
jeune young
une jeune femme a young woman
un jeune homme a young man
les jeunes (gens) young people
un job a job
joignez *(joindre)* attach
joli, jolie attractive
joué *(jouer)* –
on a joué we played
(elle) joue de la trompette (she) plays the trumpet
un joueur, une joueuse a player
un jour one day
par jour per day
trois heures par jour three hours a day
jour et nuit day and night
un jour férié a public holiday
un journal, des journaux newspaper, newspapers
une journée –
bonne journée! have a nice day!
quelle journée! what a day!
toute la journée all day
les jours days
tous les jours every day
juif, juive Jewish
juillet July
juin June
jusqu'à until

L

là there
là-bas over there
lacrymogène –
une bombe lacrymogène a tear-gas bomb
laissé *(laisser)* –
j'ai laissé I left
(il) laisse *(laisser)* (he) leaves
le lait milk
lancé *(lancer)* –
il n'a pas lancé he did not throw
le lancer de poids the shot-put
les Landes the Landes (area in south-west France)
une langue, des langues a language, languages
ma langue maternelle my mother tongue/first language
les langues parlées languages spoken
laquelle –
dans laquelle in which
il se lave *(se laver)* he gets washed
lavé, lavée *(se laver)* –
elle s'est lavée she washed
laver –
une machine à laver a washing machine
nos lecteurs our readers
la légende the key (to a map)
léger, légère light
le lendemain the next day
le lendemain matin the next morning
lentement slowly
une lettre de recommandation a reference
leur their/(to) them
levé, levée *(se lever)* –
il s'est levé he got up
se lever to get up
le lever (du soleil) sunrise
liberté –
heures de liberté spare time
une librairie a bookshop
libre free
lieu –
(il) a eu lieu (it) took place
(il) a lieu (it) takes place
un lieu, des lieux a place, places
lire to read
lisez *(lire)* read
lit –
au lit in bed
des livraisons deliveries
un livre a book
une livre a pound
local, locale local
pluies locales scattered showers
logé, logée *(loger)* living in
logé et nourri, logée et nourrie with board and lodging
le logement building/dwelling/accommodation
le loisir leisure
les loisirs spare-time activities
long, longue long
le long de along
longueur –
le saut en longueur long jump
de longueur in length
lorsque when
le lot –
le gros lot the jackpot
la Loterie Nationale the National Lottery
lourd, lourde heavy
lourds –
des horaires lourds long hours
chez lui at his home
lui-même himself
lundi Monday
la lune the moon
luxueusement luxuriously
un lycée a secondary school
un lycéen, une lycéenne student at a *lycée*
un lycée technique a technical school (15+)

M

un magasin a shop
faire les magasins to go round the shops
un magnétophone a tape recorder
un magnétoscope a video recorder
maigre thin
à la main in his hand/in your hand
maintenant now
mais but
maître –
maître chien dog handler
maître nageur swimming coach
sa maîtresse his mistress
la majeure partie de most of
mal bad/badly
mal à la tête headache
mal au dos backache
mal aux dents toothache
mal aux pieds aching feet
les malades the sick
une maladie an illness
un malaise cardiaque a heart attack
malgré in spite of
le malheur unhappiness
malheureusement unfortunately
la Manche the English Channel
une manette de jeu a computer joystick
mangé *(manger)* –
j'ai mangé I ate
mangé et bu eaten and drunk
manifesté *(manifester)* –
ils ont manifesté they showed
un mannequin a model
manqué *(manquer)* –
j'ai manqué I missed
il en manque *(manquer)* is missing
(qui) manquent *(manquer)* (which) are missing
un marchand de journaux a newsagent
marché *(marcher)* –
j'ai marché I walked

un marché a market
le marché aux fleurs the flower market
marché –
bon marché cheap
ça marche bien? does it work well?
marcher to walk
mardi Tuesday
le mari husband
nous marier *(se marier)* to get married
marin sailor
le Maroc Morocco
marocain, marocaine Moroccan
une marque a make
marre *(en avoir marre)* –
j'en ai marre I'm fed up
la Martinique Martinique
(island in French West Indies)
masqué, masquée masked
le matériel equipment
maternel, maternelle –
une école maternelle
a nursery school
ma langue maternelle
my mother tongue/my first language
matières –
quelles matières? which subjects?
ce matin this morning
le matin in the morning
tous les matins every morning
matinales –
brumes matinales morning mists
la matinée the morning
mauvais, mauvaise bad
une mauvaise image a poor image
mécanicien, mécanicienne mechanic
méchant –
un chien méchant a vicious dog
médiocre poor
meilleur, meilleure best
meilleur marché cheapest
melon –
en chapeau melon in bowler hats
même same/self/even
une mémoire a memory
un ménage household
une ménagère a housewife
mensuel, mensuelle monthly
la mer the sea
sur mer at sea
mercredi Wednesday
ma mère my mother
métallisé, métallisée metallic
la météo the weather forecast
un métier a job
le métro the underground/tube
je mets *(mettre)* I put
j'en mets la moitié *(mettre)* I put half of it
ils mettent *(mettre)* they put (on)
mettez *(mettre)* put
nous mettons *(mettre)* we put
ils meurent *(mourir)* they die
le Midi the south of France
mieux better
mil one thousand
(used in dates only)
au milieu in the middle
mille thousand
des milliers thousands
mince thin
un mini-vélo a folding bike
ministre –
premier ministre Prime Minister
minuit midnight
mis *(mettre)* –
elle a mis she put (on)
on a mis they put
la mode fashion
à la mode fashionable
les modes de vie lifestyles
moi, je . . . I myself . . .
moi non plus nor do I
moins less
au moins at least
moins le quart a quarter to
les moins de 16 ans the under-16s
un mois a month
à moitié half
la moitié half (of)
à ce moment at that moment
un moment a moment
le monde the world
tout le monde everyone
mondial, mondiale world
les montagnes mountains
monté, montée *(monter)* –
je suis monté I went up
elle montre *(montrer)* it shows
montré *(montrer)* –
j'ai montré I showed
une montre a watch
montrer to show
la mort death
mort, morte *(mourir)* –
il est mort he is dead/he died
il est mort de froid
he died of exposure
une mosaïque a mosaic
une moto a motorbike
les mots the words
un moyen de transport
a means of transport
la multitude the large number
des musées museums
musulman, musulmane Muslim
les Musulmans Muslims

nagé *(nager)* –
j'ai nagé I swam
natal, natale native/home
la natation swimming
une navette spatiale a space shuttle
nazi, nazie Nazi
né, née *(naître)* –
je suis née I was born
la neige snow
nerfs –
des crises de nerfs hysterics
nerveux, nerveuse nervous
net –
prix net all-inclusive price
je nettoie *(nettoyer)* I clean
neuf, neuve new

ni nor/or
le Niger the Niger (in Africa)
les noeuds
knots (nautical miles per hour)
noir, noire black
un nom a name
un nombre a number
nombreux, nombreuse
a number of/large
nommé, nommée named
non-fumeur
non-smoker/non-smoking
le nord north
nord-coréen, nord-coréenne
North Korean
notions a smattering
nourri, nourrie –
logé et nourri
with board and lodging
la nourriture the feed
nouveau, nouvelle new
une nouveauté a novelty
un nouveau-venu,
une nouvelle-venue
a newcomer
nouvel –
nouvel attentat new attack
des nouvelles news
nu, nue naked
des nuages clouds
nuageux, nuageuse cloudy
le nucléaire nuclear issues
la nuit the night
en pleine nuit
in the middle of the night
nuls –
. . . sont nuls . . . are rubbish

O

l'objet the purpose
les objets trouvés lost property
vous observez *(observer)* you look at
obtenir to get
occupé *(occuper)* –
j'ai occupé I have held
je m'occupe de *(s'occuper)*
I am involved with/I work with
offert *(offrir)* –
il m'a offert he offered me
une offre an offer
on est bien we are very well
ils ont *(avoir)* they have
opérateur, opératrice operator
des orages storms
ouest-allemand, ouest-allemande
West German
un ours a bear
un ouvrier, une ouvrière a worker
ouvrir to open

P

je me paie des pots *(payer)*
I buy myself a drink
pair, paire even
au pair au pair (working in
exchange for board and lodging)
la paix peace
pakistanais, pakistanaise Pakistani
en panne out of order/broken down
un papier a piece of paper
Pâques Easter
par by/through
parce que because
du parfum perfume
parlant *(parler)* speaking/talking
parlé *(parler)* –
j'ai parlé I spoke/I talked
parler to speak/to talk
parmi from/amongst
part –
d'autre part apart from that
de votre part from you
partager to share
parti, partie *(partir)* –
je suis partie I left/I set off
le parti (political) party
participer (à) to take part (in)
partiellement partly
partir to go away/to leave
partout everywhere
(ne ...) pas not
un pas a step
Pas-de-Calais area around Calais
pas du tout not at all
pas encore not yet
passé *(passer)* –
j'ai passé I spent
nous avons passé
we spent/we went through
ils ont passé they spent
au passé in the past
le passé the past
s'est passé *(se passer)* –
qu'est-ce qui s'est passé?
what happened?
passée *(passer)* –
elle est passée par
she went over
il passe en revue *(passer)*
he inspects
ils passent *(passer)* they spend
passer un examen to take an exam
les passe-temps hobbies
passionnant, passionnante exciting
passionné –
il s'était passionné
he had been very fond of
le patin à glace ice-skating
faire du patin à glace to ice-skate
le patinage à roulettes roller-skating
le patinage artistique ice-dance
la patinoire the ice-rink
des patins à roulettes roller-skates
patron, patronne boss
pauvre poor
un pays, des pays a country, countries
le Pays de Galles Wales

la pêche fishing
des pêches peaches
un peintre a painter
mes peintures my paintings
les pelouses the grass
pendant during/for
pendant un mois for a month
je pense *(penser)* I think
pensez *(penser)* –
pensez à . . . think about . . .
que pensez-vous? what do you think?
la Pentecôte Whitsun
il perd *(perdre)* he loses
perdu *(perdre)* –
ils ont perdu they lost
du temps perdu a waste of time
son père his father
(elle) permet *(permettre)* (it) allows
le permis de conduire driving licence
perpétuel, perpétuelle perpetual/everlasting
des personnalités famous people
une personne a person
personne (ne ...) no-one . . .
une petite annonce an advertisement
un peu a little
peu à peu gradually
à peu près about/almost
les peuples peoples/nations
peur –
j'ai peur I am afraid
il peut *(pouvoir)* it can
peut-être perhaps
je peux *(pouvoir)* I can
une pharmacie a chemist's shop
photographe photographer
une photo a photograph
des phrases sentences
une pile a battery
le pilotage driving
pilote driver
une piqûre d'abeille a bee sting
la piscine the swimming pool
la piste the runway
un pistolet a gun
la place the square
à la place de instead of
plairait *(plaire)* –
ça me plairait I would like
le plaisir pleasure
plaît *(plaire)* –
ça me plaît I like it
qui vous plaît which you like
ne plaît pas au prof the teacher doesn't like
plâtrier/peintre plasterer and painter
plein, pleine full
en plein air in the open air
en pleine nuit in the middle of the night
plein-temps full-time
pleuré *(pleurer)* –
j'ai pleuré I cried
plombier plumber
plongé *(plonger)* –
j'ai plongé I dived
plu *(plaire)* –
cela m'a beaucoup plu I liked it a lot
la pluie the rain
plus âgé, plus âgée older
plus cher, plus chère cheaper
plus de more than
plus haut, plus haute taller
plus tard later
en plus as well
ne ... plus no longer
plusieurs several
poche –
argent de poche pocket money
mes poésies my poems
poids –
au lancer de poids in the shot-put
les poids lourds heavy goods vehicles
le poison poison
des policiers police officers
la politesse politeness
la Pologne Poland
polonais, polonaise Polish
les pompiers the fire brigade
pont –
sur le pont on deck
un pont a bridge
port compris postage and packing included
elle portait *(porter)* she was wearing/carrying
la porte d'entrée the main entrance
un porte-monnaie a purse
porter to carry/to wear
portugais, portugaise Portuguese
posé *(poser)* –
j'ai posé I put
poser une question to ask a question
posez des questions *(poser)* ask questions
postale –
une carte postale a postcard
un poste a (TV/radio) set/ a job
des pots drinks
les poulets chickens
pour for/in order to
le pour the 'pros'
le pourcentage the percentage
pourquoi? why?
je ne pourrai jamais *(pouvoir)* I will never be able to
vous pourrez *(pouvoir)* you will be able to
pouvez-vous? *(pouvoir)* can you?
il pratiquait *(pratiquer)* he practised
pratique practical
vous pratiquez *(pratiquer)* you practise
précises –
à 9 heures précises at exactly 9 o'clock
prédit *(prédire)* –
(il) a prédit (it) predicted
premier, première first
on prend *(prendre)* - they take
prendre to take
ils prendront fin *(prendre)* they will end
prends *(prendre)* –
si je le prends if I take it
prenez *(prendre)* take
ils prennent *(prendre)* they are taking/having
un prénom a first name
près de near, nearly
préparé *(préparer)* –
j'ai préparé I prepared

près –
à peu près about/almost
près de near/nearly
les présentations introductions
présentés *(se présenter)* –
(ils) se sont présentés
(they) introduced themselves
vous vous présentez *(se présenter)*
you introduce yourself
présentez-vous *(se présenter)*
introduce yourself
presque almost
prêt, prête ready
sans prétensions modest
prie –
je vous prie d'agréer l'expression de mes sentiments distingués
Yours faithfully
pris *(prendre)* –
j'ai pris I took/I caught
les prix the prices
prix net all-inclusive price
prix réduit cut-price
prochain, prochaine next
les prochains programmes
future programmes
un produit a product
produit, produite *(se produire)* –
(il) s'est produit
(it) happened/occurred
un prof, une prof a teacher
je profite des musées *(profiter)*
I am making the most of the museums
profond, profonde deep/profound
programmée *(programmer)* –
que vous avez programmée
which you have programmed
un programmeur, une programmeuse
a computer programmer
programmeur à distance
remote control
une promenade a walk
propagé –
(il) s'est propagé
(it) spread
proposent *(proposer)* –
ils vous proposent
they are offering you
propre own
propriétaire owner
la propriété the estate
protester to protest
la Provençale the 'Provençale' motorway (the A 8)
prudent, prudente careful
psycho-test personality test
la publicité advertising
des publicités advertisements
puis then
la purée mashed potatoes
les Pyrénées the Pyrenees (mountains)

qu'est-ce que . . . ? what . . . ?
qu'est-ce qu'il y a à la télé?
what's on TV?
qu'est-ce qui s'est passé?
what happened?
le quai the quayside
quand when
quant à as for
un quart d'heure a quarter of an hour
le quartier the district
quatrième fourth
que what/which/that
le Québec Quebec
québécois, québécoise
from Quebec
quel, quelle, quels, quelles
what/which
quelle journée! what a day!
quelque chose something
quelquefois sometimes
quelques some
une queue a queue
faisant la queue queuing up
qui who/which
quinze fifteen
quitté *(quitter)* –
j'ai quitté I left
le quotidien the daily newspaper

racontez *(raconter)* tell
raisonnable sensible/reasonable
ramasser des pêches to pick peaches
rangé *(ranger)* –
j'ai rangé I tidied up
rapidement quickly
rappel reminder
une raquette de tennis tennis racket
rarement rarely
rassemblées –
les troupes rassemblées
the assembled troops
la RATP (la Régie Autonome des Transports Parisiens)
Paris Transport
une réaction en chaîne a chain reaction
ils réagissent *(réagir)* they react
un récepteur a receiver
recevez-vous . . . ? *(recevoir)*
do you get . . . ?
nous recevons *(recevoir)* we receive
(il) recherche *(rechercher)*
(he) is looking for
la recherche the search
les recherches the search
je reçois *(recevoir)* I get
recommandation –
une lettre de recommandation
a reference

reconnu *(reconnaître)* –
(elles) ont reconnu (they) have recognised

recopiez *(recopier)* copy out again

un record a record

recouvert, recouverte covered in

la récréation break

(elle) redescend *(redescendre)* (it) goes down again

réduit –
prix réduit cut-price

regagné *(regagner)* –
elle a regagné she got back to

regardé *(regarder)* –
j'ai regardé I looked at

regarder to watch/look at

la régularité routine

rejoindre to join

relié, reliée bound

(le) remboursement refund

remercie –
je te remercie thank you

remplissez *(remplir)* fill in

rencontré *(rencontrer)* –
j'ai rencontré I met

rencontrer to meet

rencontres meetings (personal ads in a newspaper or magazine)

le rendez-vous appointment

ils se rendirent maîtres *(se rendre)* they got control of

rendre visite to visit

rendu visite *(rendre visite)* –
j'ai rendu visite I visited

des renseignements information

rentré, rentrée *(rentrer)* –
je suis rentré I went back

rentrer to go back

réparer to repair

un repas a meal

répondre to reply/answer

répondu *(répondre)* –
j'ai répondu I answered

réponse –
le droit de réponse the right of reply

les réponses answers

un reportage a report/a news story

notre reporter our reporter

représentant de voitures car sales rep

requises required

restaurer to restore

resté, restée *(rester)* –
je suis restée I stayed

ils restent *(rester)* they stay

rester en contact to keep in touch

le résultat the result

un résumé a summary

résumer to sum up

en retard late

retenir to remember/hold

la retraite retirement

retrouvé, retrouvée found

retrouvé *(retrouver)* –
j'ai retrouvé I found

une réunion a meeting

rêvé *(rêver)* –
j'avais toujours rêvé de I'd always dreamed of

revenu, revenue *(revenir)* –
elle est revenue she went back

revue –
il passe en revue he inspects

la RFA (la République Fédérale d'Allemagne) West Germany

(ne ...) rien nothing

rire to laugh

les risques risks

rivés devant la télé 'glued' to the TV

la RN (Route Nationale) main road

un roi a king

rond, ronde round

je roule à patins *(rouler)* I skate

je roule en voiture *(rouler)* I drive

rouler to drive

vous roulez à vélo *(rouler)* you cycle

une route a road

routier –
un pont routier a road bridge

routier, routière –
conducteur routier, conductrice routière lorry driver

une rue a street

russe Russian

un sac a bag

le sadisme sadism/love of cruelty

sain et sauf safe and sound

je sais *(savoir)* I know (how to)/I can

tu sais *(savoir)* you know

sais-tu? *(savoir)* do you know (how to)?

la saison the season

le salaire salary

salissant, salissante dirty

un salon a living-room

salut! hello!

samedi Saturday

le sang blood

sans without

(les) sans-abri homeless

la santé health

la Saône-et-Loire area in central eastern France

les sapeurs the fire brigade

des saucisses sausages

le saut en longueur the long jump

sauvage wild/savage

sauver to save

savez-vous? *(savoir)* do you know?

savoir to find out/know

le savon soap

scandaleux, scandaleuse scandalous/disgraceful

scandalisé, scandalisée shocked

les schémas diagrams/outlines

un scientifique a scientist

seconder to help

secrétaire-comptable accounts assistant

une semaine a week

la semaine dernière last week

la semaine prochaine next week
par semaine –
une fois par semaine once a week
semblable similar
le Sénégal Senegal
sénégalais, sénégalaise Senegalese
en sens inverse in the opposite direction
à sens unique one-way
sensationnel, sensationnelle sensational
il se sent *(se sentir)* he feels
un sentiment a feeling
(il) sera *(être)* (he) will be
une série a series
sérieux, sérieuse serious
serré *(serrer)* –
(il) m'a serré la main (he) shook my hand
un serveur, une serveuse a waiter, a waitress
(le) service waiting at table
seul, seule alone/lonely
seulement only
si if/yes
simple –
cours simple single lesson
sinon or else/otherwise
situé, située situated
elle se situe *(se situer)* it takes place
des sociétés companies
une soeur a sister
soigné, soignée neat and tidy
soigner to care for/to look after
les soins care
ce soir this evening
le soir in the evening
une soirée an evening
tous les soirs every evening
sois *(être)* be
un soldat inconnu an unknown soldier
le soleil the sun
sombre dark
un sommaire summary
une somme a sum of money
le sommet the summit
(ils) sont *(être)* (they) are
sorti, sortie *(sortir)* –
je suis sorti I went out
elle a sorti un papier she took out a paper
la sortie the exit
(des) sorties outings
sortir to go out
soudain suddenly
souffert, soufferte suffered
soulignés –
les mots soulignés the underlined words
souples –
les horaires sont souples hours are flexible
sourire to smile
sous under
souvent often
soviétique Soviet
soyez *(être)* be
un spectacle a show
sportif, sportive interested in sport
le stade the stadium
un stage de formation apprenticeship/training
une station-service a garage
sténodactylo shorthand typist
un stylo a pen
un succès a success
le sud the south
sud-coréen, sud-coréenne South-Korean
se suicider to commit suicide
je suis *(être)* I am
la Suisse Switzerland
suisse-allemand, suisse-allemande Swiss-German
suite –
suite à in reply to
suite à la page continues from page
(tout) de suite immediately/straight away
à la suite de following
suivant, suivante following
suivez *(suivre)* follow
à suivre to follow/to be continued
sujet –
à mon sujet about myself
le sujet the subject
un supermarché supermarket
un supplément an extra payment/a supplement
supplémentaire –
étage supplémentaire top deck
sur on/about/out of
sûr, sûre safe/sure
bien sûr of course
surpris, surprise surprised
surtout especially
le survivant the survivor
le suspense suspense
il symbolise *(symboliser)* it symbolises
sympathique nice

T

taper à la machine to type
tard late
plus tard later
le tarif the rates
technicien, technicienne technician
tel, telle, tels, telles such
la télé TV
téléphoné *(téléphoner)* –
j'ai téléphoné I telephoned
un téléspectateur a viewer
un téléviseur a television set
tellement so
une tempête a storm
le temps the weather/the time
quel temps fait-il? what's the weather like?
de temps en temps from time to time
du temps perdu a waste of time
en même temps at the same time
Tende –
le Col de Tende the Tende mountain pass

tendre tender/affectionate
elles se terminent *(se terminer)* they finish
les textes the passages
le thème the subject
tiens! well!/here!
tient *(tenir)* –
ça me tient compagnie it keeps me company
timbré, timbrée stamped
un tiroir a drawer
les titres headlines/titles
chez toi at your house
le toit the roof
elle tombe *(tomber)* she falls
la tombe the tomb
le tombeau the tomb
tombé, tombée *(tomber)* –
je suis tombée I fell
tomber to fall
tôt early
toujours always
la tour the tower
un tourne-disque a record-player
une tournée a tour
tous everyone
tous les jours every day
tous les soirs every evening
tout everything
tout à fait completely
tout d'abord first of all
tout de suite immediately/straight away
tout le monde everyone
tout le temps all the time
toute la famille all the family
des tracts publicitaires publicity leaflets
traduit, traduite translated
traité *(traiter)* –
(ils) ont traité (they) dealt with
transféré, transférée transferred
transmis, transmise transmitted
transporté taken
le travail work/job
je travaillais *(travailler)* I used to work
travaillé *(travailler)* –
j'ai travaillé I worked
travailler to work
travailleur, travailleuse hard-working
des travaux roadworks/work
à travers across
traversé *(traverser)* –
j'ai traversé I crossed
la traversée the crossing
traverser to cross
treize thirteen
une trentaine about thirty
très very
triste sad
tristement sadly
trompé, trompée *(se tromper)* –
je me suis trompé I made a mistake
trop too
trop de too much /too many
les troupes the troops
trouvé *(trouver)* –
j'ai trouvé I found
il se trouve *(se trouver)* it is
trouvent *(trouver)* –
où se trouvent ...? where are ...?
trouver to find
tué, tuée killed
la Tunisie Tunisia
tunisien, tunisienne Tunisian
turc, turque Turkish

des unions links
unique only
à sens unique one-way
une usine a factory
utilisé –
jamais utilisé never used
utiliser to use
utilisez *(utiliser)* use

elle va *(aller)* it goes
va *(aller)* –
qu'est-ce qui ne va pas? what's wrong?
les vacances holidays
les grandes vacances summer holidays
les vacances d'été summer holidays
je vais *(aller)* I am going
qu'est-ce que je vais faire? what am I going to do?
la vaisselle the washing-up
valant worth
la valeur value/worth
ma valise my suitcase
variés, variées varied
les variétés variety programmes
vas *(aller)* –
tu vas bien you are well
vécu *(vivre)* –
j'ai vécu I lived
les vedettes film stars
végétarien, végétarienne vegetarian
un vélo a bicycle
un vélo de course a racing-bike
venant *(venir)* coming
les vendanges the grape harvest
ils se vendent *(se vendre)* they are sold
un vendeur, une vendeuse a shop assistant
vendeuse –
un CAP de vendeuse a shop assistant's training diploma
à vendre for sale
vendre to sell
vendredi Friday
vendu, vendue sold
vous venez *(venir)* you come
venir to come
le vent wind
en vente on sale

venu, venue *(venir)* –
je suis venu I came
verglacé, verglacée icy
la piste verglacée the icy runway
vérifier to check
vérifiez *(vérifier)* check
véritable real/true
vers at about
les vêtements clothes
un veuf, une veuve a widower, a widow
veuillez agréer l'assurance de mes sentiments dévoués yours faithfully
ils veulent *(vouloir)* they want
elle veut *(vouloir)* she wants
je veux *(vouloir)* I want
la viande meat
vide empty
la vie life
vieil –
son vieil adversaire his old opponent
un vieil homme an old man
vieille –
vieux, vieille old
ils viennent *(venir)* they come
je viens *(venir)* I come
vietnamien, vietnamienne Vietnamese
vieux, vieille old
vigoureux, vigoureuse strong
en ville in town/to town
une ville a town
du vin wine
une vingtaine about twenty
mon visage my face
visité *(visiter)* –
j'ai visité I visited
vitaminé vitaminised
vite quickly
la vitesse speed
voici here is/here are
voilà! there you are!
voir to see/look at
je vois *(voir)* I see
un voisin, une voisine a neighbour
on voit *(voir)* one sees/...are seen
en voiture by car
une voiture a car
le vol the flight/the theft
volé *(voler)* –
on a volé ...has been stolen
un bandit a volé a robber stole
volés stolen
volonté –
bonne volonté goodwill
volontiers willingly
je voudrais *(vouloir)* I would like
elle voulait *(vouloir)* she wanted
voulez-vous? *(vouloir)* will you?/do you want to?
vous voulez *(vouloir)* you want
vouloir to want
j'ai voulu *(vouloir)* I wanted
vous-même yourself
un voyage a journey/a trip
voyagé *(voyager)* –
j'ai voyagé I have travelled
voyager to travel
voyages –
une agence de voyages a travel agency
les voyages travels
voyons *(voir)* let's see
vrai, vraie real/true
vraiment really
vu *(voir)* –
j'ai vu I saw
on a vu they saw/we saw
la vue sight
en vue with a view to
ils ont perdu de vue they lost sight of

un wagon de chemin de fer a railway carriage

y there

Acknowledgments

We would like to thank:

the ILEA teachers and fourth year students who completed our initial questionnaires. Their valuable comments helped to shape the content and format of STUDIO 16. The schools involved were Acland Burghley, Greenwich Park, Haverstock, Henry Thornton, Holland Park, St Aloysius, Sedgehill and Thomas Tallis

the students from Acland Burghley, Greenwich Park and Thomas Tallis, where some of the material was pre-tested

the ILEA teachers who commented on draft material: Jean-Jacques Aune, Pauline Barbé, June Farrel, Irene Perrin, Daphne O'Hagan, Carolle Roberts and Karen Turner

Michael Hussey of the ILEA inspectorate for his guidance on the multiethnic content of the course during preliminary discussions

the French-speaking Assistants who contributed to the taped and written material in STUDIO 16A: Sylvie Bécrit (Stoke Newington School), Radhi Ben Romdane (Hackney Downs School), Fatima Chaoui (Crown Woods School), Ahmed Mezrag (George Orwell School), Andrée Renaud (Grey Coat Hospital), Ousmane Seck (Sir Walter St John's School)

Frédéric Grah-Mel, Houria Niati and the students and staff from St-Flour and Rouen for the interviews which appear in *Le français dans le monde*

the French-speaking Assistants and the students and staff of the Lycée français for their help with photographs throughout STUDIO 16A

the students of Dunraven School who appear in the photographs on pages 2 and 3.

Photographs

p 14 Roy Peters; **p 16** Roy Peters; **pp 20-21** JVC (UK), Philips, Bell & Howell, Sony (UK), Pat McLagan; **p 22** Mary Glasgow Publications (MGP); **p 25** Sealink; **p 26** MGP; **p 30** Quebec House; **p 31** Office National Marocain du Tourisme; **p 35** Popperfoto; **p 36** Associated Press; **p 43** Kodak; **p 44** MGP; **p 46** Boulogne Chamber of Commerce; **p 47** Ben Price; **p 48** All-sport; **p 58** Cerito Films, Gaumont International and Rialto Films; **p 61** MGP; **pp 64-65** BBC French Service; **pp 66-67** French Government Tourist Office (FGTO); **p 78** MGP; **p 80** MGP; **pp 82-83** FGTO, MGP, David Dore; **pp 92-93** MGP; **p 94** Pat McLagan; **p 95** FGTO; **p 98** FGTO, Popperfoto; **p 100** MGP; **p 105** MGP; **p 106** MGP, Inter Nationes/Horst Müller, Agence Presse Sports; **p 110** International Labour Office; **p 114** London Fire Brigade; **p 115** Associated Press, Popperfoto; **p 118** Trustees of the Science Museum, Associated Press, Mansell Collection, Popperfoto, Trustees of the Imperial War Museum; **p 122** Middle East Photographic Archive; **p 124** French Railways/ Michel Henri

Other photographs: Martin Sookias, Martin Thornton

While every effort has been made to trace the owners of copyright material reproduced in STUDIO 16A, this has not always proved possible. We would be glad to hear from the copyright owner of the photograph of 'Chantal' on page 14, and from anyone else to whom credit is due.

Writers
Pat McLagan, Hilary Stanyer, with additional material from Amanda Rainger

Adviser
Sue Prior (Inspector for languages, ILEA)

French advisers
Marie-Thérèse Bougard, Daniel de Ruder

Audio producer
Alma Gray

Photographers
Martin Sookias, Martin Thornton

Illustrators
Lo Cole, Tony Duncan Smith, Rhian Evans, Martin Griffiths, David Hunter, Liz Inwood, Anthony Kerins, Sean MacGarry, Kevin Maddison, Claudio Muñoz, Julia Osorno, Neal Puddephat, Christine Roche, Carla Turchini. **Cover:** Rhoda Burns, Robert Burns

Typesetting
Senator Graphics, Jackie Sayers

Designers
Dave Sumner, Vickie Lukens, Carla Turchini, Melanie Bund, assisted by David Hunter, Jenny Hunter, Ralph Pitchford, Peter Roe, Eugenie Dodd

Editors
Joan Henry, Christopher Barker. **Wordlist:** Peter Saunders

British Library Cataloguing in Publication Data

Studio 16.
Pt. A
Pupils book
1. French language—Text-books for foreign speakers
448.2'4 PC2112

ISBN 0-85950-599-5

Reprinted 1987

Printed and bound in Great Britain at The Bath Press, Avon